헐버트(Homer B. Hulbert)가

131년 전 말을 타고 평양에 갔듯이

오늘의 우리도 자유로이 평양에 갈 수 있기를 바라며,

이 책을 헐버트 박사 영전에 바친다.

헐버트(Homer B. Hulbert)

헐버트(Homer B. Hulbert)의 **조선시대(1890) 평양 여행기**

말 위에서 본 조선

Korea As Seen From The Saddle

참좋은친구

평양

봉산

서흥

송도(개성)

고양/임진강

서울

1890년 8월 29일
서울 출발

The Japan Weekly Mail:

662 THE JAPAN WEEKLY MAIL. [June 6, 1891.

KOREA AS SEEN FROM THE SADDLE.

It is not surprising, under the circumstances, that Korea is, so far as its interior is concerned, a *terra incognita* to the people of contiguous countries, to say nothing of those of remoter countries. None of the books that treat of Korea give more than the barest outline of the topography of the country, while the natural scenery has not received the slightest mention. It is unfortunately true that there is nothing in the vicinity of the treaty ports to commend the scenery of Korea to the taste of those who may be passing. The lack of trees makes the prospect so flat and tasteless that one dreads to land and proceed inland. When you are sick it is hard to imagine yourself well. Even so when you pass along the barren coast of Korea it is almost impossible for you to believe that the interior of that country supports a heavy population on an average of greater comfort than is found in any part of China or India, and yet that is just what those say who are qualified by observation to express an opinion. And now a word in regard to the contrast between the sea-board and the interior of Korea. We have been told by more that one writer that the cause of it lies in the fact that Korea laid waste its sea-board in order to make it as inhospitable as possible, that by this means it might preserve the seclusion on which it prided itself. There is a far better reason than this, and one that can be supported by historical facts. For hundreds and hundreds of years the coast of Korea was annually pillaged by Japanese pirates. Their depredations extended not merely along the south-eastern coast, but up the west coast far beyond the present port of Jinsen (Chemulpo). Time and again they raided almost up to the gates of the capital. The island of Kang Wha at the month of the Han river was a favourite "stamping ground" of these pirates. There are numerous authentic cases of their having gone up the eastern coast beyond the present port of Wonsan. Their descents upon the coast of Korea were so sudden and fierce that it was quite impossible for the people to guard against them. The writer has documentary evidence to show that the Government in several cases removed whole towns from the sea-board to the interior because it was impossible to protect them from the pirates otherwise. The real reason was not the desire to preserve their seclusion: it was a military act wholly unavoidable. It is with the desire to correct the popular impression of the barrenness and sterility of the interior of Korea that the writer invites the readers of the *Japan Mail* to accompany him along the great highway which connects the capital, Sōul, with the ancient city of Peyeng Yang, one hundred and fifty-three miles to the north. The preparations for a journey through Korea differ widely from those that are necessary in travelling in Japan. We have no railways, either present or prospective. We have no jinrikishas, and even if we had they would be left at home for a reason that will abundantly appear. There are three possible ways of travelling here: on foot, in a sedan chair carried by two or four coolies, or on the back of a hardy little Korean pony. Say what you may, the first of these is the royal way. It is only on foot that the traveller gets the most out of the country through which he wanders, but not every one can afford to travel on foot. It costs too much—not money, but time and strength. For preparation then—one stout pony under the saddle—a pony whose gait you have tried. He may not be a fast trotter, but he must have a good walking gait and a peculiar kind of slow pace, something between a walk and a pace which will carry him along all day at the rate of four miles an hour. Another pony to carry the pack. He must also have a four mile gait, for you cannot travel faster than your pack. "The strength of the chain is measured by its weakest link." So the speed of a trip in the interior of Korea is measured by the speed of the slowest horse. For food one must carry everything excepting rice, fowls, and eggs, but in some portions of the country it is possible to get potatoes, corn, game, fish, and delicious honey. In the large magisterial towns it is often possible to procure good beef. A passport from the Foreign Office is of course necessary. The Korean Government goes on the principle that all foreigners are guests, and consequently it is very generous in the terms of the passports. The document sent you from the Foreign Office calls upon all officials in the country to treat you with kindness and respect, to provide you with lodgings, to supply you with food and to procure you horses or anything else that you may stand in need of and they are able to supply. It enables you to procure money at any of the large provincial towns by simply giving a note of hand for the amount payable at sight in Sōul. This last is a very important item because silver money does not circulate in the country, and Korean cash is so bulky that it would be impossible to carry enough for a long trip. At the same time it is a convenience to the Government rather than otherwise for it saves the transportation of revenue from the country to Sōul. Although the passport says nothing about payment for lodgings, food, &c., provided by officials in the country and no charges are made, foreigners pay for what they receive by leaving at each place a sum amply sufficient to cover all actual expenses and a small bonus besides. Thus equipped you sally out of the west gate of Sōul accompanied by your *marpo* (or *betto* as you would call him in Japan), your "boy" who also acts as cook, and your *keniso*. This last servant has not his exact equivalent in any other country. The *dragoman* of Egypt and Turkey comes nearest to him, but there are radical differences. The *keniso* is a military servant, escort or body-guard, and is valuable not because you need protection in the country, but because his presence always insures obedience to your orders, and opens the doors of native inns when otherwise they would remain closed. Koreans retire early, especially in winter, and when the traveller arrives at a village at nine o'clock he finds it to all appearance as dead as ancient Thebes, and its inhabitants about as hard to rouse. More than once, when unaccompanied by a *keniso*, have I sat for half an hour on my shivering pony before a Korean inn on a January night while my servants were trying to rouse the proprietor; and they were successful only when it became evident that noncompliance on his part would result in the demolition of his front door.

So bidding good bye to our friends in Sōul, we mount our little ponies and the cavalcade files out the west gate; the gate whose lock the plucky little band of Japanese soldiers and citizens picked in making their retreat from Sōul on that eventful night in December of 1884. Just outside this gate is the residence of the governor of Kiung Ki, the province in which Sōul is situated. The land within the city wall is not under the jurisdiction of the governor of the province but has its own, of course, as does the District of Columbia in America. On emerging from the suburbs, which contain a population as great as the city proper, the first object of interest that presents itself is the great arch or 門 which marks the meeting place of important Chinese embassies and the representatives of the King of Korea.

After stumbling over this execrable spot as best we can, we remount and resume our journey with the comfortable assurance that the worst is over. Nothing can surpass the dazzling clearness of an autumn day in Korea. The air has a peculiarly exhilarating effect that makes the very act of breathing a conscious pleasure. In addition to this, picturesque scenery and the road alive with gaily dressed travellers mounted or on foot, make the commencement of a country trip a pleasure whatever its end may be. As we descend into the valley beyond and ford the stream which winds through it we are brought face to face with one important feature of travelling in Korea—the absence of bridges. Between Sōul and Peyeng Yang there is only one bridge that can, or is intended to, withstand the high water of the summer rainy season, and that is only a small stone bridge over an unimportant stream in the suburbs of Song Do. The result is that often in the months of July and August it is absolutely impossible to travel. When the rainy season is over little foot bridges are thrown across most of the small brooks, but as a rule bullocks and horses ford in preference to risking their weight on these frail structures. At no place were these little bridges more than eighteen or twenty feet long, all streams that were wider than this being crossed by ford or ferry. While on the subject, of bridges there is one in Korea that deserves mention. It is a wooden bridge a mile and a half long that stretches across an immense marsh just outside the gate of Ham Hung, the capital of the province of Ham King. It is about twenty feet wide and is made of heavy piles and planks. It is considered to be of such importance that the Government annually appoints an official whose whole duty it is to keep the bridge in order. For this purpose an annual appropriation of a million cash (about $500), is made. In summer when the heat is intense the people of Ham Hung go out at night in great numbers and sleep on this bridge, and more than once a sudden heavy fall of rain in the neighbouring mountains has caused a freshet which has rushed down with terrific force and carried away the bridge with all its human freight. But while I have been deviating thus, our party has been ascending the opposite hill near whose top is a sulphur spring to which, in the warm months, many invalids resort in hope of being benefited by the baths. Near it you are pretty sure to find a line of mendicant cripples seated beside the road, some playing on rude flutes and others showing their ugly deformities in order to attract the attention and excite the pity of the passer by. A moment later we round the corner of the hill and before us rise the grand rugged peaks of Pook Han, in the depression between whose triple pointed top lies the almost impregnable fortress of the same name designed as a place of refuge for the King in times of disturbance. These craggy peaks remind us of those which one sees in descending the Usui Pass on the Nakasendo in Japan, the difference being that the former are absolutely naked and treeless while the latter are clothed at every possible point with luxuriant vegetation which is so characteristic of Japanese scenery and which, while adding to its picturesqueness, detracts from its grandeur. The peaks of Pook Han stand like grim sturdy sentinels without ornament of any kind. Seen from the north this magnificent pile of mountains looks like a gigantic castle of the middle ages rising straight from the valley for three thousand feet and then breaking into domes and pinnacles which seem to loom the higher the farther we recede. An interesting legend is extant concerning this mountain. It is said that when Ta Jo, the founder of the present dynasty, had obtained control of affairs at Song Do, the then capital of the country, he was at a loss to determine a site for the capital of his new dynasty (for in Korea it has always been the habit to change the capital with a change of dynasty). At that time the peaks of Pook Han were not visible from the mountains behind Song Do, but the new king ascending them one morning looked away to the south and lo! in one night one of the peaks of Pook Han had shot up into sight. Could providence have spoken more plainly? He built his capital at the foot of Pook Han, and his descendants are celebrating now the semi-millenium of that founding. But by this time we begin to feel the need of something more substantial than scenery, and we look eagerly forward to catch a glimpse of Ko Yang, the town where we are to tiffin. Ko Yang is a magistracy, and so we know what to look for—not the village itself but a clump of ancient willow trees in which it is sure to be hidden, for it is a peculiarity of this land that the magistracies are almost invariably surrounded by these trees. The magistracy is usually entered through a long line of willows, the only attempt at public ornamental horticulture that the Koreans have made. How shall we describe the streets of a country village in Korea? Those who know, say that they do not compare with Chinese towns for filth, but that is merely "damning them with faint praise." The street is the depository for all refuse garbage and abomination. When you have seen the street you have seen the worst. There is no shamming or hypocrisy about the Korean countryman's filth, no covering up, no euphemism, so to speak. Let us hope that it is true, as some say, that no sewerage is better than imperfect sewerage. Another disgusting feature is that the public wells are on the street and their curbs are the public laundries. It is a marvel that whole towns are not obliterated by pestilence when once it gets started. The law of the survival of the fittest has full sway here. The streets swarm with small, black, long-snouted swine which roam about at will and pick up a living as they may. The ordinary village consists of one long street, or rather the highway is lined for a certain distance with a single row of houses on either side. No attention whatever is paid to the repairing of this street, and in wet weather it is worse if possible than the road in the open country. The country inn is a factor of prime importance to the foreign traveller, for he cannot always time himself so as to reach a magistracy at night.

A large double door leads from the street into a court, on two sides of which are the stables and store houses, while the other two are occupied by the guest-rooms and the proprietor's private apartments. The horses stand facing inward toward the court and feed from troughs cut in long logs. They are not separated by partitions or even railings, and when the inn is fairly full the kicking and screaming among the animals in continual. There is one common guest-room facing the street, and in it all the guests are supposed to sleep, excepting when a traveller of quality arrives, in which case the other guests are relegated to a rear apartment or one of the private rooms of the host is given up to his entertainment. Sometimes when you arrive late at night in the winter you have to take what accommodation you can get, and you may have to sleep in a room eight by sixteen feet together with a dozen natives. Every door, window, and crack is tightly closed to keep out the cold, and the air becomes simply unendurable. Under these circumstances even a distant approach to comfort is out of the question.

H. B. H.

(TO BE CONTINUED).

헐버트가 기고한《재팬메일(The Japan Weekly Mail)》
1891년 6월 6일 자 원문(원문 전문은 헐버트박사기념사업회에서 소장)

차 례

본문

헐버트 박사 72주기 추모 특집

'헐버트의 조선시대(1890년) 평양 여행기'

〈말 위에서 본 조선(Korea As Seen From The Saddle)〉을 출간하며

이 글은 조선 최초의 관립 근대식 학교인 육영공원(育英公院) 교사 헐버트(Homer B. Hulbert)가 감리교 대표 선교사 아펜젤러(Henry G. Appenzeller), 장로교 선교사 모펫(Samuel Moffett)과 함께 지금으로부터 131년 전인 1890년 8월 29일 서울을 출발하여 평양을 다녀온 뒤 일본의 영자신문《재팬메일(The Japan Weekly Mail)》에 1891년 6월 6일부터 10월 24일까지 10회에 걸쳐 연재한 평양 여행기이다. 이 글은 평양을 역사, 문화, 지리 측면에서 비교적 소상하게 국제사회에 소개한 최초의 글이다. 이 여행에 동행한 사람은 헐버트, 아펜젤러, 모펫 외에 이들을 돕는 일꾼들이 있었으나 정확히 몇 명인지는 확인할 수 없었다. 헐버트는 여행 기간이나 평양 체류 일수를 정확하게 기록으로 남기지 않았으나 총 여행 기간은 대략 3주 안팎으로 추정된다. 헐버트가 장문의 여행기를 일본 영자신문에 기고한 이유는 조선 내륙의 특성과 평양이라는 옛 도시를 국제사회에 소개하고, 특히 조선 내륙을 여행하고자 하는 외국인들에게 안내 역할을 하고픈 마음에서 비롯

되었다고 여긴다. 헐버트는 이 글 초입에서 "오늘날 회자되고 있는 '조선 내륙은 황무지이며 경작이 여의치 않다'는 여론을 바꿔주고자"라고 하여 조선에 대한 잘못된 인식을 바꾸는 것이 이 글의 또다른 중요한 목적임을 밝혔다.

헐버트의 평양 여행은 두 가지 관점에서 촉발하였다고 여긴다. 하나는 그의 조선의 지리, 역사, 문화에 대한 관심이다. 그는 당시 한민족 탐구에 정열을 쏟고 있었기에 당연히 조선의 옛 수도 평양을 방문하고 싶어 했을 것이다. 또 하나는 조선 주재 미국 공사의 요청으로 평양 인근의 석탄 광산 실태를 파악하기 위해서였다. 헐버트는 미국 공사관의 재정적 도움 없이 사비로 평양을 여행하였다고 그의 회고록《동양의 메아리(The Echoes of the Orient)》에서 밝혔다. 헐버트는 여행 중 실제로 평양에서 석탄 일부를 채취하여 서울로 가져왔다. 그는 서울에서 석탄을 시험한 결과 질이 매우 좋다고 확인되어, 300톤의 석탄을 더 들여와 그해(1890년) 겨울 외국인들이 연료로 사용했다고 회고록에서 밝혔다. 미국 공사관은 이러한 사실을 본국에 보고하기도 했다. 이후 조선의 석탄과 광물이 국제적 관심을 끌었다고 여긴다. 헐버트는 모펫의 여행 목적은 평양이 모펫의 선교 임지로 적합한지를 검토하는 목적이었다고 회고록에서 밝혔다. 아펜젤러의 여행 목적에 대해서는 언급이 없으나, 아펜젤러 역시 평양 선교를 염두에 두고 여행하였다고 여긴다.

이 글의 특징은 헐버트가 조선의 풍광과 한반도 북쪽 사람들의 생활상을 관찰하며 느낀 감정을 진솔하게 기록한 점이다. 더 나아가 자신이 그동안 터득한 조선에 대한 지식을 총동원하여 조선의 역사, 문화, 관습을 해학적이면서도 세밀하게 서술하여 국제사회에 소개하였다. 헐버트는 이 글에서 조선의 실록 즉 기록문화에 대한 가치를 대단하게 여기는 등 한민족 역사를 매우 깊게 이해하고 있었음을 보여 주었다. 그는 심지어 '조선'은 일본어 발음의 'Chosen'이 아닌 'Chosun'으로 써야 하고, 또 '朝鮮'의 정확한 의미가 'Morning Calm'이 아닌 'Morning Radiance'라고 주장하였다. 헐버트가 이처럼 내한한 지 4년 만에 고조선 등을 포함하여 한국 역사를 비교적 정확하게 기록한 점은 그가 후일 출간한 불후의 명저인 최초의 종합 역사서 《한국사(The History of Korea)》 탄생의 전조를 보여 준다. 무엇보다도 헐버트는 이 글에서 조선의 풍광, 역사, 문화를 역사적 배경과 함께 사실적이고 객관적으로 기술하였다. 많은 외국인들이 조선을 살짝 들여다보고 표면적 관찰만을 기술한 점과 크게 대비되는 대목이다.

헐버트는 이 여행에서 평양이란 도시가 한민족 역사에서 갖는 위상을 확실하게 파악하였다. 평양의 유구한 역사와 풍광에 감동하고, 도시의 경제적, 군사적 측면에서의 전략적 강점을 조명하였다. 조선의 무역 통계를 들이대며 평양을 개방하는 논리

를 내세우고 국제 교역의 장점을 설파하는 등 경제적 전문 지식
도 과시했다. 더 나아가 한반도 서쪽에 이미 개항한 제물포 외에
평양, 목포, 의주를 개방해야 한다고 주장하여 조선의 미래를 위
한 통찰을 유감없이 발휘하였다. 이 글을 옮기면서 옮긴이가 갖
는 특별한 감회는 헐버트가 조선 말기에 예지한 한반도 북쪽 지
방의 잠재력에 대한 평가가 오늘날에도 유용하다는 사실이다.
헐버트는 이미 131년 전에 조선 북쪽에 거대한 부가 존재한다고
보았다. 오늘날에도 그의 통찰은 연장선상에 있는 것 아닌가? 이
는 민족의 동질성 회복이라는 당위성 말고도 북한의 개방을 이
끌어내야 할 또 다른 당위이다. 헐버트는 평양 여행 후 9개월 뒤
에 이 글을 기고하였다. 그는 여행기를 기고하는 계획을 미리 세
우고 여행 중 자신의 관찰을 메모하여 기고 준비를 하였다고 여
긴다. 평양에 대한 기술의 사실성에서 그런 느낌을 받았다. 많은
이들이 이 글을 읽어 헐버트의 저술에 대한 용기와 노고가 위로
를 받았으면 좋겠다. 또한, 헐버트가 131년 전에 말을 타고 평양
에 갔던 것처럼, 우리도 자유롭게 임진강을 건너고 호랑이가 자
주 출몰했다는 봉산을 거쳐 평양의 능수버들을 관조할 수 있는
날이 하루빨리 오기를 기대한다.

　옮긴이는 헐버트의 《재팬메일(The Japan Weekly Mail)》
기고문의 존재를 한국에서 프리랜서 역사 연구가(Historical
Researcher)로 활동하면서 개화기 외국인들의 자료를 모아 온

미국인 네프(Robert D. Neff) 씨로부터 2017년 처음 들었다. 이후 네프 씨의 협조와 옮긴이의 일본 요코하마 개항박물관 방문을 통해 기고문 원문 전문을 확보하였다. 네프 씨에게 진심 어린 감사의 말씀을 전한다.

헐버트박사기념사업회는 헐버트 서거 72주년을 맞아 헐버트의 131년 전 평양 여행기를 팸플릿 형태의 특집으로 발간하려 했으나, 이 글은 우리의 소중한 역사 문화자산으로서 많은 국민이 알았으면 좋겠다는 판단 아래 정식 책으로 출간하기로 결정하였다. 이 책의 발간을 통해 매년 헐버트 추모사업을 위해 성원을 보내주고 있는 국가보훈처, 마포구청, 법인 후원 기관, 그리고 모든 개인 회원에게 진심 어린 감사 인사를 드린다. 또한, 감동의 축사를 써 주신 재외동포신문 이형모 대표님, 이 책 출간을 위해 수고해 주신 아이비문화 김삼석 사장님, 기념사업회에 뜨거운 성원을 보내주시는 서보실업 김삼철 대표님과 성광교회 박광국 담임목사님을 비롯한 본 회 고문, 이사, 자문위원, 펠로우님들, 그리고 교정과 각종 궂은일을 맡아 준 본 회 사무국의 정용호, 김선명, 김선진 학예연구사에게도 고마움을 전한다.

2021년 8월 합정동 사무실에서
(사)헐버트박사기념사업회 회장 김 동 진

헐버트의 조선시대(1890년) 평양 여행기 〈말 위에서 본 조선
(Korea As Seen From The Saddle)〉 발간을 축하하며

조선시대 헐버트의 평양 여행이 주는 역사적 함의

이형모/재외동포신문 대표(재야 역사학자)

미국인이지만 한국인보다 한국을 더 사랑했던 불멸의 민족 은
인 헐버트(Homer B. Hulbert) 박사 72주기를 맞아 출간하는 헐
버트의 조선시대 평양 여행기 〈말 위에서 본 조선(Korea As Seen
From The Saddle)〉을 접하며 헐버트의 역사학자로서의 기품에
새삼 감동하지 않을 수 없다. 필자는 헐버드박사기념사업회의 고
문이리는 직함 덕분에 헐버트의 정신 사조와 한국 사랑을 상당하
게 천착하였다고 자부하였지만, 헐버트의 내한 초기 평양 여행기
를 읽으며 왜 그가 한민족의 정체성을 그리도 정확하게 꿰뚫었는
지를 보다 선명하게 이해할 수 있었다.

헐버트는 한민족을 위해 수많은 업적을 남겼다. 그는 1886년 조
선을 만나 교육자, 한글학자, 언어학자, 언론인, 역사학자, 아리랑
채보자, 선교사, 황제의 밀사, 독립운동가로 활약하며 63년을 한

민족을 위해 헌신하였다. 그의 업적 하나하나가 우리에게는 소중한 문화자산이지만 그의 한국 역사학에 대한 도전이야말로 외국인으로서 감히 엄두도 못 낼 일이었다. 그는 한자와 씨름하면서 간난의 고통을 이겨내며 최초의 종합역사서《한국사(The History of Korea)》라는 불후의 명저를 저술하고, 이어서 한자 역사책《대동기년(大東紀年)》, 한민족의 정체성과 특질을 파헤치고 을사늑약의 진상을 세계에 알린《대한제국의 종말(The Passing of Korea)》을 출간하였다. 이 외에도 그는 많은 글을 국외 언론에 기고하여 한민족의 우월적 역사, 문화를 전 세계에 알렸다. 헐버트의 한국 역사 탐구에는 필자가 보기에는 두 가지 큰 흐름이 존재한다. 첫째는 인간애(humanity)를 바탕으로 역사와 대화하였으며, 둘째는 한민족을 중심에 놓고 한국 역사를 관찰했다는 사실이다. 헐버트는 사실상 자주적 역사관으로 한국 역사를 파헤친 최초의 인물이기도 하다.

필자는 헐버트가 내한 4년 만에 평양을 다녀오고서 한국 역사에 더더욱 흥미를 느껴 그가 불세출의 한국 역사학자가 되는 데에 결정적 역할을 하였다고 확신한다. 그가 여행을 떠난 1890년 8월은 헐버트가 조선의 말글을 섭렵하여 최초의 한글 교과서《사민필지》를 탈고한 직후이다. 탐구심이 강한 헐버트에게는 조선의 지리, 역사, 문화를 살펴보고 조선의 옛 수도 평양을 답사하는 일이 중요한 목적일 수밖에 없었을 것이다. 그는 이 여행에서 평양이 조선 최초의 수도로서 한민족의 유구한 역사에서 어떤 위치에 있었는지를 명확히 깨달았으며, 특히 평양의 문명화된 도시로서의 면모에 흥분을 감추지 못하였음을 이 책은 말하고 있다. 따라서 그의 후일 한국 역사에 대한 천착은 그의 평양 여행에서 크게 자극받았음을 부인할 수 없을 것이다. 헐버트는 또 이 글에서 조선의 풍광과 관습을 정감 있게 그려냈으며, 동시에 조선의 경제적 미래를 위해 한반도 서해안에 제물포뿐만 아니라 평양, 목포, 의주도 개항하는 것이 필요하다고 예견하며 조선의 미래와 통찰하였다. 헐버트의 타고난 미래지향적 학문 추구의 자세를 보여 주는 대목이다. 조선 말기의 풍물과 사회상에 대한 헐버트의 설명은 21세기 한국인에게 131년의 시간 차이를 실감 나게 한다. 낙후한 교통, 통신 실태와 평양의 경제적, 군사적 측면, 한반도 북쪽 지방의 잠재력, 서쪽 항구들의 적극적 개항 필요성과 미래에 대한 통찰에 공감하며, 오늘날까지 이어지는 한국 현대사의 격렬한 시대변화를 돌아보게 된다. 결과적으로 헐버트의 평양 여행은 그와 한민족의 63년의 인연을 담금질하는 중요한 기회였다고 여긴다.

한 가지 언급하고 싶은 것은 헐버트는 다섯 번째 글에서 평양과 기자조선에 관한 자세한 이해와 설명을 보여줬다. 조선 역사 자료를 일본과 중국학자들을 통해서 얻은 그리피스(William E. Griffis)가 "조선이 기원전 225년에 시작했다."고 설명한 기록에 현혹되지 않고, "기원전 1122년 기자가 조선에 왔고, 그 이후 41명의 왕이 있었다."는 역사 기록을 언급함으로써 고조선에 대해 보다 진전된 이해를 보여줬다. 더하여 중국 상나라가 주나라 무왕에게 패망하는 상황에서 상나라 주왕의 신하 비간, 기자, 미자 3인 이야기를 자세히 설명하고 있다. 헐버트가 공부한 이러한 설명들은 모두 중국과 조선의 역사 자료에 근거한 것이다. 한편 단재 신채호(1880~1936)는 《조선상고사》에서 '기자(箕子)의 동래(東來)'를 설명하며 기자조선을 부인하였으며 이는 오늘날 정사로 받아들여지고 있다. 그러나 헐버트가 활약한 조선 말기에는 기자조선의 존재는 대세였다.

끝으로 평소 김동진 회장의 헐버트 탐구에 박수를 보내왔지만, 이번 글을 통해서 다시 한번 찬사를 보내고 싶다. 결코 쉽지 않은 헐버트의 이지적이면서도 해학적인 내면세계를 감칠맛 나게 우려 낸 김동진 회장에게 고마움을 전한다. 헐버트박사기념사업회를 바로 옆에서 지켜본 사람으로서 김동진 회장의 헐버트 탐구는 개인적으로는 숙명이지만 국가적으로는 그가 국가와 민족에 봉사할 수 있는 최상의 기회라고 여긴다. 따라서 김동진 회장은 앞으로도 겨레의 스승 헐버트 탐구에 더욱 매진해 주기를 기대한다. 이 책이 발간되기까지 수고해 주신 김동진 회장을 비롯한 헐버트박사기념사업회의 모든 관계자 여러분께 심심한 사의를 표한다.

2021년 8월

말 위에서 본 조선
(Korea As Seen From The Saddle)

김 동 진 옮김[1]

1. 조랑말을 타고 돈의문, 영은문을 지나자 북한산의 아름다운 자태가 눈에 들어와

-《재팬메일(The Japan Weekly Mail)》, 1891년 6월 6일-

조선 내륙이 먼 나라 사람들은 말할 것도 없고 인접국 사람들에게도 미지의 세계라는 사실은 전혀 놀랄 일이 아니다. 지금까지 출간된 조선을 다룬 어떤 책에서도 조선의 지형에 대한 언급은 미미하다. 특히 자연 풍광에 대한 언급은 전혀 없다 해도 과언이 아니다. 불행하게도 각국과의 조약에 의해 개방된 조선의 해안 도시 근처에 여행객들의 구미에 맞는 마땅한 풍광 명소가 없는 것은 사실이다. 해안 도시 근처의 민둥산은 무미건조하여 여행객들이 조선 내륙으로 들어가는 도전에 두려움을 준다. 누구

---

1. 김동진은 ㈔헐버트박사기념사업회 회장이다. 이 글의 모든 각주는 옮긴이가 추가하였다.

나 아플 때는 건강한 자신을 상상하지 못한다. 마찬가지로 황무지 같은 조선 해안 지방을 지나면서 조선 내륙이 중국이나 인도에서보다 더 크게 조선인들에게 도움을 주고 있다는 사실을 믿기란 거의 불가능하다. 어떤 현상이나 사물에 대해 관찰만으로 의견을 피력하는 것이나 마찬가지이기 때문이다. 따라서 필자는 조선의 해안 지역과 내륙을 비교해 보고자 한다. 우리는 몇몇 작가로부터, 조선은 개방한 해안 지역을 가능한 한 생활하기에 불편한 해안 도시로 만들기 위해 해안 지역을 방치해 왔으며, 내륙을 해안 도시와 차단하여 전통을 자랑하는 내륙 지방을 보존하고 있다고 들어왔다. 그러나 역사적 사실로도 입증된, 이보다 훨씬 더 합당한 다른 이유가 존재한다. 수백 년에 걸쳐 조선 해안은 연례행사로 일본 해적에 의해 약탈당해 왔다. 일본의 약탈은 단지 남동 해안에 그치지 않고 서해안을 따라 오늘날의 제물포 항구를 훨씬 넘어섰다. 일본 해적은 노략질을 되풀이하였으며, 심지어 서울 입구까지 다다랐다. 한강 어귀의 강화도란 지역은 일본 해적이 즐겨 찾았던 곳이다. 일본 해적이 오늘날의 원산항을 넘는 동쪽 해안까지 침략했다는 실제적 증거들도 즐비하다. 일본 해적의 조선 해안 급습은 갑자기 사납게 전개되기에 조선인들이 일본 해적을 방어하기란 불가능한 일이었다. 필자는 조선 조정이 일본 해적으로부터 조선인들을 보호하기란 불가능하기에 연안 인근의 전체 마을을 내륙으로 이전시켰다는 문서 증거를 여럿 가지고 있다. 내륙으로 이전한 진정한 이유는 그들을 격리하려는 욕망에서 비롯된 것이 아니다. 군사적으로 승산이 없었기 때문이었다. 필자는 오늘날 회자되고 있는 '조선 내륙은 황무지이며 경작이 여의치 않다'는 여론을 바꿔주고자 《재팬메일》[2] 독자들을 초대하여, 조선의 수도인 서울과 북쪽으로 153마일 떨어진 옛 도시 평양을 잇는 멋진 길을 같이 떠나보고자 한다.

조선에서의 여행 준비는 일본에서의 여행 준비와는 사뭇 다르다. 먼저 조선에는 철로가 없다. 현재도 없지만 당분간 건설 계획도 없다. 일본식 인력거도 없다. 비슷한 수단이 있긴 해도 집에 놓아두어야 한다.[3] 많은 숫자가 대기하고 있기 때문이다. 여행수단은 세 가지가 있다. 걷거나, 2명에서 4명의 일꾼이 나르는 가마를 타거나, 또 하나는 작지만 튼튼한 조선의 조랑말을 타고 가는 것이다. 이 중 걷는 것이 가장 좋을지 모른다. 걷기 여행은 곳곳을 배회할 수 있기에 여행자가 많은 것을 얻을 수 있다. 그러나 누구나 다 걸어서 여행할 수 있는 여건은 아니다. 먼저 비용이 많이 든다. 돈뿐만이 아니라 시간이 오래 걸리고 강한 체력이 요구된다. 조선 내륙 여행 준비에서는 무엇보다도 안장을 갖춘 강한 조랑말이 필요하다. 물론 말의 걸음걸이는 사전에 점검을 해

___

2. 신문의 원 이름은 《The Japan Weekly Mail》이나 서양인들은 《재팬메일(Japan Mail)》로 통칭하였다.
3. 가마의 일종을 말하는 것으로 보인다.

야 한다. 조선 조랑말은 경주용 같은 속보 말이 아니다. 조선 조랑말은 준수한 걸음걸이를 보여 주나 속도는 상당히 느리다. 하루 종일 달릴 수 있긴 하나 한 시간에 4마일 정도로 달린다. 조랑말 한 마리를 더 준비하여 짐을 나르게 해야 한다. 짐말 역시 시간당 4마일로 달려 두 말이 보조를 맞춘다. 원래 사슬의 힘은 가장 약한 연결 부분을 재는 것이 일반론이다. 따라서 조선 내륙에서의 여행 속도는 가장 느린 말의 속도에 맞춰야 한다. 음식물은 쌀, 가금류, 달걀을 제외하고는 여행자가 준비해야 한다. 그러나 몇몇 지역에서는 감자, 옥수수, 사냥꾼이 포획한 날짐승, 생선 그리고 다디단 꿀도 구할 수 있다. 관아 소재지 고을에서는 양질의 쇠고기도 구할 수 있다. 조선 내륙 여행에는 조선 조정이 발급하는 여행증명서가 반드시 필요하다.[4] 조선 조정은 '모든 외국인은 손님'이라는 원칙을 가지고 외국인을 대한다. 따라서 여행증명서의 조건은 외국인에게 매우 관대하다. 여행증명서를 보면 지방 관리들은 외국인 여행객을 친절과 존경의 마음으로 대해야 하고, 숙식을 제공하고, 말이나 여타 여행자가 필요로 하는 모든 편의를 제공해야 한다고 명시되어 있다. 또한 지방 관아에서는 외국인 여행자가 서울에 돌아가서 즉시 갚는다는 어음을 써 주면 외국인 여행자에게 돈도 융통해 주어야 한다. 이 부분은 조선

---

4. 통리기무아문(통리교섭통상사무아문으로 개칭)이 발급한 '호조(護照)'를 말하는 것으로 보인다.

여행에서 매우 중요한 요소이다. 항구 도시에서 유통되는 멕시코 은화 등이 조선의 지방 고을에서는 통용되지 않기 때문이다. 더욱이 조선 동전은 매우 무거워 지방을 장기간 여행하는 데 필요한 동전을 지고 다닐 수가 없다. 어음을 써 주고 지방에서 돈을 융통하는 방식은 조선 조정에게도 편리한 방법이다. 지방에서 서울로 물자나 돈을 직접 수송하는 부담을 덜어주기 때문이다. 여행증명서에 지방 관아가 제공하는 숙식 등에 관한 언급이 없어도 외국인 여행자는 지방을 떠날 때 자신들이 제공받은 편익의 실제 비용과 약간의 봉사료를 더한 돈만 지급하면 된다.

여행 장비를 갖추고 일본에서 '베토(betto)'라 부르는 마부, 요리 등을 담당하는 일꾼, 집사와 함께 서울의 서쪽 대문을 나설 채비를 마쳤다. 집사는 다른 나라에서는 비슷한 예를 찾기가 힘들다. 이집트와 터키의 직업적 통역(dragoman)의 역할과 비슷할지 모른다. 그러나 그들과도 커다란 차이가 있다. 집사는 말하자면 무술을 갖춘 비서이다. 길도 안내하고 호위도 맡는 매우 중요한 일꾼이다. 조선의 내륙 지방에서 꼭 집사가 필요한 것은 아니지만 그와의 동행은 여행자를 존중하는 권위의 상징 역할을 한다. 지방의 주막 문이 닫혔을 때 그의 존재는 문을 금방 열게 할 수도 있다. 조선인들은 일찍 저녁을 맞는다. 겨울에는 더더욱 그러하다. 여행자가 오후 9시에 어느 마을에 도착한다면 고대 그리스의 도시 테베(Thebes) 같은 적막감을 느낄 것이며, 주민들을 깨우기란 참으로 힘들다. 집사를 동반하지 않다가 1월의 깜깜한 밤에 일꾼들이 주인장을 깨우는 동안 주막 앞에서 추위에 떠는 조랑말의 안장에 앉아 반 시간이나 기다렸던 적이 여러 번 있었다. 일꾼들이 주막집 문을 부수면서까지 문을 열어 달라고 졸랐을 때만이 문이 열리는 데에 성공할 것이다.

조선시대의 다리.
헐버트의 《대한제국의 종말(The Passing of Korea)》(1906)에서

가족, 친구에게 안녕 인사를 고한 뒤 필자를 포함한 평양 여행단 일행이 조랑말에 올라 서울의 서대문[5]을 나섰다. 서대문은 용감한 일본군과 민간인 일당이 그 유명한 1884년 12월의 갑신정변 당시 서울에서 퇴각할 때 이용한 문이기도 하다. 서대문 바로 밖에는, 지리적으로 서울을 포괄하는 경기도 관찰사의 관저가 있다. 그러나 서울 성곽 안의 행정은 경기도 관찰사의 관할이 아

5. 서대문의 당시 이름은 돈의문(敦義門)이었다.

니고 미국의 워싱턴디씨(Washington D. C.)처럼 별도로 관리
된다. 서울 외곽은 성곽 안과 비슷한 인구를 가졌다. 서대문을 지
나자 가장 먼저 눈에 띄는 대상은 한자로 '門'이라고 하는 대형
아치형 문이었다.[6] 이 문은 조선 임금을 대리한 관리가 중국에서
오는 사신을 영접하는 곳이다. 서울-평양 길에서 길이 가장 험한
지역은 서대문으로부터 2마일 이내의 서울이 온전하게 눈에 들
어오는 곳이라는 사실은 매우 흥미롭다. 서울 바로 서쪽에 가파
른 산등성이가 있으며, 이 산등성이를 가로지르는 길이 있다. 이
길은 매우 험하고 어느 지점에서는 너무 좁아 양방향에서 오는
짐 실은 소들이 서로 비켜갈 수 없을 정도다. 길은 수직으로 형성
된 바위에 갇힌 형국이며 위험한 돌들이 널려져 있다. 따라서 보
행자는 주의를 기울여야 하며, 말에게 미안한 마음을 갖지 않고
서는 말을 타고 갈 수 없는 험한 길이다. 달구지도 스스로는 통과
하기가 힘든 지점이 많다. 또한, 여름이면 골짜기에서 물이 흘러
진흙탕 밭이 된다. 겨울에는 돌에 얼음이 붙어 통과하기가 거의
불가능하다. 사계절 내내 짐승이나 달구지가 이 길을 제대로 다
닐 수 있게 하려면 몇 백 달러가 필요할 것이다. 이 길을 위해 1달
러도 사용되지 않았다는 점은 이 길이 조정으로부터 어떠한 관
심도 받지 못했다는 사실을 말해 준다. 이 길을 수리하여 달구지

---

6. 영은문(迎恩門)을 말하는 것으로 보인다.

가 서울과 50마일 떨어진 조선의 중요 도시인 송도[7] 사이를 자유롭게 다닐 수 있다면 매우 예외적인 일이 될 것이다. 이 지긋지긋한 길과 사투를 벌인 후 필자 일행은 다시 말에 올라 최악의 길은 지났다는 안도감과 함께 여행을 재촉했다.

조선의 가을은 황홀할 만큼 청명하다. 세상 어느 것도 조선의 가을보다 좋을 순 없다. 공기가 참으로 신선하여 숨 쉴 때마다 활기가 북돋아지며, 기쁨이 샘솟는다. 게다가 장관의 풍광과 화려한 옷으로 치장하고 걷거나 또는 말을 타는 보행객들로 생기가 넘치는 조선의 길은 여행의 시작을 끝 모를 기쁨에 빠지게 한다. 필자 일행은 계곡을 따라 내려가다 개울을 건너며 산들바람을 즐기면서, 조선 여행의 중요한 특징인 다리가 없다는 현상을 실감했다. 서울과 평양 사이에서 여름 장마철의 높은 수위를 대비하여 만든 다리는 단 하나밖에 없다. 그 다리는 송도 외곽의 작은 하천 위에 놓인 돌로 만든 다리이다. 따라서 조선에서 장마철인 칠팔월에 여행하는 것은 불가능하다. 장마철이 끝나면 대부분의 여울에서 아기자기한 작은 다리를 볼 수 있다. 소나 말은 자신의 무게에 대한 위험을 무릅쓰고 이 허약한 다리들을 건너야 한다. 이 작은 다리들의 길이는 18~20피트를 넘지 않는다. 이보다 긴 여울은 걸어서 건너거나 나룻배를 이용해야 한다. 조선의 다리와 관련하여 언급해야 할 가치가 있는 다리 하나가 있다. 그 다리

---

7. 송도는 지금의 개성을 말한다.

는 함경도의 관아가 있는 함흥 바로 외곽의 거대한 늪지대 위에 놓여 있는 1~1.5마일 정도의 긴 나무다리이다.[8] 이 다리는 너비가 20피트쯤으로 두꺼운 나무를 깔고 말뚝을 받쳐 만들었다. 조선 조정은 다리가 제대로 작동하도록 매년 다리만 관장하는 관리를 임명할 정도로 이 다리를 중요하게 여긴다. 다리 관리를 위해 조선 동전 백만 개(약 5백 달러)의 예산이 들어간다. 더위가 극에 달하는 한여름에는 밤이면 많은 함흥 주민들이 집에서 나와 이 다리 위에서 잠을 청한다. 이때 인근 산에 느닷없이 폭우가 쏟아져 급물살이 다리를 덮쳐 다리 위에서 잠자던 주민들이 떠내려가는 일이 한두 번이 아니었다고 한다. 다리 이야기가 너무 장황했군.

우리는 어느새 봉우리에 유황천(sulphur spring)이 있는 산의 반대편 언덕을 오르고 있다. 날씨가 온화한 계절에는 많은 환자들이 이곳 유황천을 찾는다고 한다. 병을 치료하려 유황천에서 목욕하기 위해서다. 일단의 불구자들이 유황천 입구 길가에 앉아 동냥을 위해 줄을 서 있다. 이들 중 일부는 피리를 불고 일부는 흉한 기형의 신체를 드러내 동정심을 유발시키며 보행자들의 주의를 끈다. 언덕 모퉁이를 돌자 장관의 북한산의 기암괴석이 나타났다. 세 등성이가 받쳐주는 산봉우리 아래 오목한 곳에, 국가적 소요가 있을 때 임금의 피난처로 사용하기 위해 만든 '북한

---

8. 만세교(萬歲橋)를 말하는 것으로 보인다.

산성'이라는 이름의 난공불락의 요새가 있다. 이곳 기암괴석의 봉우리는 일본 나카센도(中山道)의 우스이(碓氷峠)고개를 내려갈 때 눈에 들어오는 광경을 연상시킨다.[9] 차이가 있다면 조선의 봉우리는 나무가 거의 보이지 않은 벌거벗은 기암괴석이고 일본의 봉우리는 곳곳이 일본 풍광의 특징인 수목으로 덮여 있다. 일본 풍광은 그림 같은 아름다움을 보여주지만 웅장함과는 거리가 멀다. 북한산 봉우리들은 장식 없이 서 있는 단호하고도 든든한 보초병 같다. 북쪽에서 바라본 이 장엄한 북한산의 자태는 계곡에서 3천 피트가량 직각으로 솟아올라 산봉우리 정상에 이르며, 마치 중세의 거대한 성곽을 연상케 한다. 뒤로 물러나면서 보면 산이 더 높고 더 멀게 느껴진다. 북한산과 관련한 흥미로운 전설이 전해지고 있다. 조선왕조를 창건한 태조 이성계가 당시 수도였던 송도를 장악하였다. 그는 새로운 왕조의 수도를 정하기 위해 고민 중이었다. 조선에서는 새로운 왕조가 탄생할 때면 수도를 옮기는 것이 하나의 전통이었다. 그때 북한산 정상은 송도의 산에서는 보이지 않았다. 그런데 이성계가 어느 날 아침 송도의 산을 오르다가 멀리 남쪽으로 눈을 돌렸다. 그러다가 어느 날 밤 갑자기 북한산의 봉우리 하나가 솟아오르는 장면이 그의 눈에 들어왔다. 신의 섭리가 작동한 것인가? 그는 새로운 수도를 북한

---

9. 우스이(碓氷峠)고개는 일본 군마현(群馬県)과 나가노현(長野県) 사이에 있는 고갯길이다.

산 밑자락에 건설했다. 그의 후예들은 지금도 천도 500년을 자랑스럽게 기념하고 있다.

이제 우리는 조선의 풍광보다 더 직접적인 무엇인가의 필요를 느끼기 시작했다. 일행은 점심을 먹기로 한 '고양'이라는 고을이 기다려졌다. 경기도 고양은 지방 수령이 있는 고을이기에 필자 일행은 이곳에 잔뜩 기대를 걸고 있었다. 고양에는 행정 관아를 따라 오래된 버드나무들이 늘어서 있다. 조선의 관아는 예외 없이 숨어있듯 버드나무로 둘러싸여 있으며, 이는 조선 관아의 특색이다. 관아는 대체적으로 긴 버드나무 숲을 통과하여 들어간다. 버드나무 숲은 조선에서 대중과 함께하는 유일한 관상 원예이기도 하다. 조선 시골 마을의 길을 어떻게 묘사해야 하나? 혹자는 오물 등 청결 상태를 중국의 도시와 비교하지 말라고 한다. 그러나 그러한 표현은 빈말 칭찬으로 조선인들에게 악담을 하는 것이나 마찬가지다. 조선의 시골길은 각종 쓰레기 저장고이다. 만약 조선 시골에서 오물에 대한 가식이나 위선을 봤다면 당신은 이 상황에 대해 감추지도, 완곡어법도 쓰지 못할 것이다. 일부 사람들이 말하듯, 표면상 분뇨가 안 보이는 것이 불결한 우물과 우물가 돌들이 공중 빨래터라는 점보다 더 좋은 일이라고 믿을 뿐이다. 전염병이 왔을 때 전체 마을이 사라지지 않았다는 사실이 놀랍기만 하다. 생존의 법칙을 돼지가 보여 주고 있다. 작고, 검고, 긴 주둥이를 가진 돼지들이 자유자재로 거리를 활보하며 채소 등 각종 먹거리로 배를 채운다. 대개 마을에는 좌우로 쭉 늘어선 집들 사이로 상당한 거리의 긴 길이 나 있다. 그런데 길을 보수하는 데에 전혀 신경을 쓰지 않는다. 따라서 궂은 날씨에는 마을길이 야외 길보다 더 불편하다. 외국인 여행자에게 시골의 주막은 가장 중요한 곳이다. 여행자가 항상 관아를 찾을 수 있는 시각에 맞춰 도착하도록 시간을 조절할 수 없기 때문이다.

커다란 두 개로 된 대문이 관아의 입구이다. 관아 입구 양편에 마구간과 곳간이 있다. 입구 가까이 손님을 맞는 방과 현감의 사저가 있다. 말들은 관아 쪽 안을 향해 매어 있으며, 긴 통나무를 파서 만든 여물통을 통해 끼니를 해결한다. 조선의 말들은 마방이 따로 없고, 칸막이로도 분리되지 않은 채 지낸다. 따라서 주막이 만원일 때면 동물들이 서로 차고 소리 지르는 소란이 계속된다. 공동으로 손님을 맞는 사랑채 하나가 길을 향해 있다. 이곳에서 모든 손님들이 잠을 잔다. 중요한 손님이 올 때는 보통 손님들은 다른 방으로 물러가고, 주인이 쓰는 방이 여흥을 위해 제공되기도 한다. 겨울에 밤늦게 도착하는 여행자는 때로는 제대로 된 방을 구할 수가 없다. 그저 8x16피트의 방에서 열두어 명의 조선인들과 함께 잠을 잘 수밖에 없다. 찬 공기를 차단하려 문, 창, 틈새는 꽉 닫혀있다. 따라서 실내 공기는 탁할 수밖에 없으며 이러한 환경에서 안락함을 기대하기란 불가능하다.

2. 조선에서 가장 멋진 임진강을 만나, 숙박료는 안 받고 음식상 숫자로만 돈을 받아

-《재팬메일(The Japan Weekly Mail)》, 1891년 7월 4일-

지난 첫 번째 글에서 조선의 주막에 관해서 이야기 한 바 있다. 그러나 다시 한번 조선의 주막에서 특히 사람과 짐승이 어떻게 먹거리를 해결하는지에 대해 이야기해야 할 것 같다. 일부 독자들은 조선의 집에는 돌로 된 방바닥, 즉 온돌이 놓였다는 것을 알 것이다. 부엌 아궁이에 불을 때면 온돌로 열기가 전달돼 방을 뜨겁게 달군다. 아궁이 위에는 큰 솥이 단단하게 놓여 있다. 따라서 아궁이 불은 하나는 방을 뜨겁게 하고 또 하나는 음식을 만드는 두 가지 역할을 한다. 그렇다면 의문이 드는 것이 뜨거운 여름에는 조선인들이 이 불을 어떻게 쓰느냐이다. 조선인들은 음식을 만들지 않고 지내는가? 그렇지 않으면 무더운 여름에도 뜨거운 방바닥에서 자는가? 답은 조선인들은 여름에도 불이 필요하다는 점이다. 왜냐하면, 여름 장마철에는 모든 것이 다 축축하기 때문이다. 또한, 집들이 돌과 진흙으로 지어졌다. 나무는 기둥이나 들보로만 쓰인다. 따라서 매일 때는 불은 방을 불편할 정도로 덥게 하나 집안을 축축하지 않게 하여 여러 전염병의 발생을 예방한다. 외국인들이 조선 내륙을 여행할 때 주막에 들어가 처음

해야 할 일은 자야 할 방에 불을 때지 말라고 당부하는 일이다. 물론 겨울에는 반대로 이 당부를 거꾸로 해야 한다. 가끔 실수하는 외국인도 있다. 한 번은 외국인 일행이 겨울에 여행하는 과정에서 하룻밤 쉬고자 불교 사찰을 찾았다. 바람이 매섭고 공기가 찬 12월의 밤이기에 방을 따뜻하게 불을 좀 많이 지펴달라고 부탁하였다. 그리고 잠에 곯아떨어졌다. 잠든 지 한두 시간 지나 그들은 불에 타 죽은 영국의 성직자 래티머(Hugh Latimer)와 보헤미아의 성직자 허스(John Huss)의 꿈을 꿨다.[10] 결국 일행 중한 명이 벌떡 일어나 이마의 땀을 닦아내며, "어디서 연기 냄새가 나요"라고 소리쳤다. 요리조리 살펴보니 요 밑의 짚으로 만든 덕석이 검정색으로 변하고 그을리기까지 한 흥미로운 사실을 발견했다. 그때부터 그들은 방에 불 짚이는 일은 조선인들에게 맡기기로 했다. 주인 방에 열을 제공하는 부엌 아궁이에 놓인 솥은 모든 식솔의 밥을 짓는데 유용하게 이용된다. 사랑채의 솥도 쓸모가 크다. 말이나 소를 위한 여물을 끓이기 때문이다. 주막에 들어가면 먼저 음식상을 차려달라고 주문한다. 음식상이 각자에게 나오기에 원하는 숫자를 이야기해야 한다. 음식에 대한 특별한 언급이 없으면 주인은 최상급 음식상을 차린다. 여기에서 조선의 특이한 생활 풍속을 엿볼 수 있다. 조선 주막은 숙박비는 따로

---

10. 래티머(Hugh Latimer, 1485?~1555)는 영국의 종교 개혁자이며, 허스(John Huss 또는 Jan Hus, 1372?~1415)는 보헤미아의 종교 개혁자이다. 둘 다 이단자로 몰려 화형으로 죽었다.

받지 않고 오로지 음식에 대해서만 돈을 받는다. 즉 음식상 숫자로만 계산하는 음식비에 숙박비가 포함되어 있다. 숙박에 대해서는 이유도 묻지 않은 채 돈을 받지 않는 것이다. 흥미가 없을지 모르는 '고양'에 대해 너무 많은 이야기를 했군. 이제 여행을 계속해야지.

필자 일행은 말에 오르며 빠른 걸음으로 고양을 나섰다. 짐말도 힘을 내 우리를 따라왔다. 독자들에게 부탁한다. 자신이 가는 길을 가로지르는 사슴을 바라보며 짐 보따리와 총이 1마일 뒤에 있다는 아쉬움을 투덜대기 전까지, 또한 기이한 침입자의 동태를 파악하기 위해 가끔씩 뒤를 보며 느긋하게 뛰며 약 올리는 동물의 행태를 보기 전까지는 조선 짐말의 걸음걸이를 상상하지 말기 바란다. 일행은 나무가 무성한 산림과 널따란 평원을 거쳐 여러 형태의 길을 만나며 걸음을 재촉했다. 어느 지점에서 언덕을 휘감아 돌자 반대편 바위산에 안락하게 자리한, 조선의 남성과 여성을 상징한다는 두 개의 커다란 돌 형상이 눈에 들어왔다. 형상이 참으로 거대하며, 높이가 족히 60피트는 돼 보였다. 돌 형상은 원래 다른 자리에 있던 둥근 바위를 깎아 만들었음이 틀림없다. 이 둥근 바위는 자신의 손재주를 시험하려는 조선의 조각가(Phidias[11])들을 유혹하였을 것이 분명하다. 현재 조선의 공법 장비로는 이 거대한 돌을 움직여 현재 위치로 옮기는 것은 불

---

11. 'Phidias'는 기원전 5세기 아테네의 조각가이다.

가능하다고 여긴다. 아름다운 소나무들 사이에 반쯤 가려진 채 포위되어 있는 돌 형상은 단조로운 여행에 참으로 신선하고 즐거운 휴식의 순간을 제공하고 있다. 돌 형상을 보니 남쪽 지방에 살았던 조선인 사내 이야기가 떠올랐다. 그는 가을에 열리는 과거에 응시하고자 서울에 가고 싶었으나 형편이 궁해 걸어서 서울에 갈 수밖에 없었다. 어느 날 지름길을 택해 산자락을 가로지르면서 커다란 석상을 만났다. 순간 석상의 머리를 보며 배나무가 떠올려지고 그 나무에 커다란 배가 달려 있는 영감이 떠올랐다. 사내가 말했다. "배를 따서 서울에서 진귀품으로 팔면 내 여행 경비 모두를 충당할 수 있으련만." 그는 배를 따러 석상 위로 올라갔다. 그러나 앞으로 가면 갈수록 더 멀어져 석상의 턱에 도저히 도달할 수가 없었다. 그래도 죽을힘을 다해 마침내 석상의 입술까지 다다랐다. 그러나 멀리 뻗쳐 있는 거대한 코 때문에 절망이 밀려왔다. 그래도 위로 오를 틈새가 있을 것이라 희망하며 대담하게 한쪽 콧구멍 속으로 들어갔다. 그러나 콧구멍이 좁아지기 시작하여 위로 오르기가 힘겨웠다. 그러자 갑자기 석상 전체가 흔들리고 진동하기 시작했다. 그러면서 대포를 발사하듯 귀를 먹게 하고 굉음을 동반한 거대한 회오리바람이 콧구멍을 휩쓸었다. 신이 재채기를 한 것이다. 사내는 멍이 들고 몸이 찢긴 채 그러나 그런대로 더 이상 다친 데는 없이 자신이 석상 밑에 누워있음을 알아챘다. 물론 그가 떨어질 때 석상 밑에 있던 커다란 나무들이 부러졌다. 그런데 기쁘게도 그의 곁에 재채기의 발작으로 떨어진 커다란 배가 놓여 있었다.

　더 이상 머무적거리다간 필자 일행이 목적지에 도착하기까지는 하대명년일 것이다. 빨리 가자고 입을 모으며 오늘 밤 잘 곳을 향해 직선 길을 택했다. 중간에 특별히 들릴 곳도 없었다. 해가 서산에 질 무렵 일행은 소나무 숲을 빠져나와 절벽을 만났다. 절벽에서 내려다보이는 강이 바로 그리 잘 알려지지는 않았으나 조선에서는 가장 멋진 강 중 하나로 불리는 '임진강'이다. 우리는 강의 커다란 구비의 바깥쪽 끝 높은 절벽에 섰다. 도도히 흐르는 수 마일의 물길이 우리 시야에 들어왔다. 이곳에서 볼 수 있는 장관이 조선 풍광의 백미이다. 필자는 조선에서 이와 필적할만한 아름다운 장관을 알지 못한다. 가파르고 좁은 물길로 이어지는 계곡도 눈에 들어왔다. 계곡 아래 끝자락에 커다란 돌문이 아늑하게 자리 잡고 있다. '아늑하게 자리 잡고 있다.'라는 표현은 마치 매우 좁은 계곡 양 편 사이에 갇힌 듯이 위치해 있기 때문이다. 돌문은 서울의 서대문만큼 컸으며, 문의 양태도 비슷했다. 돌문은 물길을 완전히 막고, 강 반대쪽의 거센 물살이 계곡으로 접근하는 것도 차단하였다. 그렇다면 왜 이렇게 값비싼 구조물을 이곳에 세웠을까? 사실은 이 구조물은 전쟁 방어용으로, 즉 옛날 북쪽의 무리들이 주기적으로 침략하여 조선을 짓밟고 황폐화시

킨 데 대한 대비책으로 만들어졌다고 한다. 이곳에 방어 문을 세웠다는 것은 조선의 군사적 능력이 결코 낮은 수준이 아니었음을 말한다. 강 구비에 위치한 높은 절벽은, 군대가 통과할 수 있는 이곳 계곡에 의해 잘린다. 따라서 물가에 세워진 돌문은 적군의 상륙을 막고, 더 나아가 체계적 공격을 위한 전열 정비도 방해한다. 250년 전 임진왜란 당시 조선군이 일본군에 대승을 이룬 곳도 바로 이 지점이다.

오늘날의 임진강 모습(출처 : 한국학중앙연구원)

임진강은 깊고 물살이 세나 장엄한 자태를 지녔다. 우리는 폭이 좁은 가느다란 나룻배에 올랐다. 배는 아무런 저항도 받지 않은 채 물길을 따라 자연스레 떠밀려갔다. 그리고 순식간에 건너편 강둑에 도착했다. 나룻배가 어떻게 제 자리로 돌아갈지는 모를 일이었다. 우리는 위용을 자랑하며 버티고 서 있는 건너편 절벽의 높이로 인해 난쟁이로 보이는 돌문을 뒤돌아보며 강 양안의 어느 쪽 조망이 더 아름다운지 가늠할 수가 없었다. 조선 풍광에 대해 호감이 그리 크지 않은 사람들에게 삼가 필자의 경험을 말한다면, 일본 우스이고개에 한두 곳 아름다운 풍광이 있으나 나카센도를 비롯한 어느 곳도 이곳보다 아름다울 수는 없다. 우리는 이곳에서 하룻밤을 보내기로 예정돼 있다. 기쁘기 그지없다. 첫날 여행 거리로 충분한 35마일 이상을 왔기 때문이다. 우리는 하루 40마일을 가기로 했으나, 1주일에 2회 테니스하는 것을 제외하고는 별 운동도 하지 않고서 조랑말을 타고 조선의 시골길을 무한정 가기란 무척 힘든 일일 수밖에 없다. 일행 중 한 사람이 "조선 음식을 먹읍시다."라고 소리쳤다. 아무도 음식이 가득한 조선 음식상을 떨치지 못하는지라 우리는 조선 음식상 세 개를 주문했다. 그러나 음식상이 곧장 준비된다고 기대하지 말아야 한다. 조선 주막에서 주문한 지 40분 내에 음식상이 나오리라고 기대하는 것은 금물이다. 주인은 절대로 손님의 음식 주문을 기대하며 미리 음식을 장만하지 않는다. 주문을 받은 뒤에야 쌀을 꺼내 밥 짓기를 시작한다. 필자는 조선 주막에 들어섰을 때 미리 밥을 해 놓는 경우를 단 한 번도 경험하지 못했다. 대신 밥 짓는 동안에는 잠자리를 미리 준비하고, 조선 음식을 보충하기 위해 가져 간 서양 먹거리를 즐긴다. 잠자리 준비는 매우 중요한 일이다. 여행객이 잠을 얼마나 잘 잘 수 있는가가 달려 있기 때문이다. 잘 때 방바닥에 까는 요를 잘 털어야 하고, 방바닥을 깨끗이 청소한 뒤 다시 깔아야 한다. 물론 이, 벼룩, 빈대 등을 쫓는 가루로 된 해충 약을 요에 골고루 뿌려야 한다. 겨울에는 한 아름의 마른 지푸라기가 딱딱한 방바닥을 푹신하게 하고, 해충도 막아 준다. 겨울에 방에 들어갈 때 첫 번째로 할 일은 문짝의 창호지를 찢어 구멍 몇 개를 내는 일이다. 그리하여 다소라도 통풍이 되게 해야 한다. 조선 주막의 모든 방에는 기이한 냄새가 나는 10~20개의 메줏덩이가 벽이나 시렁에 매달려 있다. 이 메주 냄새 때문에라도 통풍이 꼭 필요하다. 이제 음식이 나온다. 조선에서 음식 앞에서는 모든 것이 두 번째다. 음식상의 제공은 일본에서와 비슷하다. 각자가 음식상을 받는다. 밥이 주 음식이고 반찬은 향이나 맛을 풍부하게 한다. 각 상에는 큼직한 대접에 쌀밥이 고봉으로 담겨, 밥이 넘칠 것만 같다. 두 사람이 먹어도 남을 정도다. 쌀밥에는 검정콩이 섞여 있다. 흰쌀밥에 검정콩은 모양새가 이상해 보이나 한껏 맛과 향을 높인다. 반찬에서 제일 중요한 음식은 김치다. 김치는 배추나 무를 소금에 절인 진짜 조선 판 사우어크라우트(Sauercrout)[12]로 마늘처럼 강하고 독특한 향을 지녀 멀리서도 쉽게 냄새를 느낄 수 있다. 반찬에는 마른 생선도 있다. 대체로 원래대로 형태를 유지하며, 비린내 나는 새우 종류도 있다. 특히 여름에 내륙 지방에서 더욱 애용한다. 서양의 멜론

---

12. 잘게 썬 양배추를 발효시켜 만든 시큼한 맛이 나는 독일식 양배추 절임이다.

종류를 반쯤 익히고 가늘게 썰어서 나오는 음식도 주요 반찬 중 하나다.[13] 거의 대부분의 조선 반찬에 고추가 들어간다. 고추는 조선인들도 뱃속이 불편하다고 불평을 자주 토로하는 양념이다. 고추는 맛을 내는 데 좋은 양념이나, 입안을 톡톡 쏘며 매우 자극적이다. 조선 음식에서 주목할 사실은 살찌게 하는 요소가 없다는 점이다. 꽤 큰 고을에서만 육류를 쉽게 먹을 수 있다. 그러나 육류는 기름기가 많은 부분을 제거하고 먹기에 살찌는 것을 예방한다. 실상은 조선인 대부분이 채식주의자나 마찬가지이다. 그렇다고 채식주의가 몸을 약하게 만들지는 않는다. 필자가 만난 조선인 모두 다른 어느 나라 사람 못지않게 힘이 세고 튼튼하였다. 그들이 외국인들보다 더 잘 걷는 데서도 알 수 있다. 물론 필자가 운이 좋아서일지 모르지만. 필자는 매주 40마일을 거뜬히 걷는 많은 조선인을 안다. 그들은 항상 건강하게 지낸다. 저녁을 먹고 나서 조선의 베개인 나무로 만든, 직사각형으로 된 목침의 가운데 폭파인 부분을 베고 잠을 청하며 가능한 한 최대로 마음을 진정시켰다. 깃털로 만든 베개를 베고 잤던 필자 일행은 나무로 만든 딱딱한 조선의 목침을 베고 여름철 조선인 여행객들이 일어나는 시각인 새벽 4시경까지 잠을 푹 잤다.

---

13. 오이김치 종류를 말하는 것으로 보인다.

3. 송도(개성) 외곽에 도착하니 헛간이 열을 지어 있는 것처럼 인삼밭이 다가와

-《재팬메일(The Japan Weekly Mail)》, 1891년 7월 18일-

　필자 일행이 첫 밤을 지낸 '임진'이란 작은 마을에 대해 대충이나마 계속 이야기하고자 한다. 조선에는 습관적으로 일찍 일어나는 사람이 아니라면 절대 잊을 수 없는 여행의 특징이 있다. 즉 잠과 아침 기상(getting up)을 말한다. 조선인들은 밤에 자는 시간만큼 낮잠을 자는 습관이 있다. 그들은 나들이를 할 때 밤 9~10시까지 여행을 하고 새벽 3시경까지 잔다. 그리곤 바로 기상하여 오전 9~10시까지 하루 일과의 절반을 끝낸다. 그런 연후 오후 4시까지 자고 다시 떠난다. 여름철 여행에는 이러한 습관이 적절하다는 데에 절대적으로 동의한다. 그러나 이러한 습관에 익숙하기란 매우 힘들다. 보통사람에게 새벽 4시 기상이란 실행이 가능하기는 하나 조선에서는 새벽 4시를 달고 살아야 한다. 실은 새벽 4시를 지나면 조선 주막에서는 잠을 잘 수가 없다. 당신이 자는 방 바로 문밖에서 말들이 꼴을 서로 먹으려 쿵쿵거리고, 일꾼들은 짐을 꾸리느라 시끌벅적하다. 수탉이 울어대면 방에서 자던 투숙객은 하는 수없이 일어나 밖으로 나가야 한다. 따라서 어떤 장사라도 새벽 4시 후에는 편히 누워 있을 수가 없다. 그리하여 우리는 해가 골짜기에 무겁게 드리운 안개를 지워버리기 전에 일어나 길을 재촉할 수밖에 없었다. 옛 수도인 '송도'가 우리들의 다음 목적지였다. 송도가 임진에서 그리 멀지 않기에 우리는 말의 발걸음을 재촉하지 않았다. 길은 넓은 평야를 가로질러 나 있었다. 평야는 겨울철 메추라기[14] 사냥에 적합해 보였다. 필자는 조선 평야에서 약 올리는 메추라기들에게 한방 날리려 눈밭에서 배를 깔고 100야드 이상을 기어간 적이 한두 번이 아니었다. 메추라기들은 몸무게가 10~30파운드 정도이며 모든 면에서 가장 재미있는 새 사냥감이다. 그러나 메추라기들은 넓은 평야에만 나타나기에 솜씨 있는 사냥꾼이 엽총이 아닌 군사용 총(rifle)으로 사냥한다 해도 몇 마리밖에 못 잡아 가마니 하나 채우기에도 진땀을 뺀다. 임진과 송도 사이의 길은 일본에서처럼 평탄한 편이다. 산지대에서도 비교적 어려움이 없다. 그런데 평야에서 좋은 물을 얻기가 거의 불가능하다. 보통의 조선인들은 식수의 질에 둔감한 편이다. 샘이 도처에 있으며 대부분은 물의 질을 의식하지 않고 그냥 마신다. 필자는 조선 동쪽인 강원도의 한 친구와의 경험을 잊을 수가 없다. 일행과 함께 아름다운 산 밑자락에 위치한 관아가 있는 춘천에 도착하여 좋은 물을 찾았다. 누군가가 산자락에 좋은 샘이 있다고 귀띔해 주었다. 불순물이 섞이지 않은 깨끗한 물을 먹을 수 있다는 기쁨에 우리는

---

14. 원문은 'bustard'로 새를 말하는데, 메추라기를 말하는 것으로 보았다.

일꾼에게 동이리 가득 물을 가져다 달라고 요청했다. 물이 도착하여 우리는 대가를 지급했다. 다음 날 아침 우리는 늦은 아침을 먹고 샘을 보러 언덕을 올랐다. 약 10분 정도 걸려서 언덕배기를 돌자 반대편 언덕에서 황급히 걸어가는 2명의 조선 여인네가 눈에 들어왔다. 샘을 보니 빨랫감이 여기저기에 나뒹굴고 있었다. 자연 샘에서 여인네들이 빨래를 하고 있었던 것이다. 우리는 당황해서 샘을 추천한 자를 물속에 처박고 싶은 심정으로 그를 쳐다봤다. 그러나 그는 전혀 문제가 없다는 듯 말하기를 "보시오 선생들, 이 물은 이 지역에서 가장 좋은 참으로 깨끗한 물이요." 우리는 침묵할 수밖에 없었다. 쓰라린 경험이지만 좋은 교훈을 얻은 우리는 이후 항상 먹을 물을 지참하고 다닌다. 가장 현명한 방법은 나들이를 떠나기 전에 물을 끓여서 보온이 되는 병에 담는 것이다. 쉽지 않은 일이지만 병에 걸리는 것보다는 낫다.

자 바로 고려의 수도였던 송도로 떠납시다. 현재 조선의 나라 이름은 '조선'이며 이(李)씨 왕가가 다스리고 있다. 나라 이름과 통치 왕가의 이름이 같다. 송도가 수도였을 때 나라 이름은 '고려'였으나 통치 왕가는 왕(王) 씨였다. 달리 말하면 통치 왕가가 바뀌면서 나라 이름도 바뀌었다. 조선인들은 왕 씨 왕가라 하지 않고 단순히 고려라고만 말한다. 물론 외국인들은 왕 씨 왕가에 대해 자유롭게 이야기한다. 고려라는 이름은 조선 식자층에게 사백 칠십여 년의 불교 국가를 의미한다. 고려는 불교를 장려했으며 영향력 있는 인물은 모두 불교 승려였다. 고려는 또 조선인들에게, 조선시대의 일본 침략을 떠올리듯이 북쪽 몽골제국의 침략을 떠올린다. 결국 승려들에 의해 고려가 끝장났다. 승려 신돈(辛旽)은 고려의 마지막 왕들로부터 권력을 얻었다. 무엇보다도 그의 아들을 왕의 아들로 바꿔친 뒤 이를 왕이 믿게 하는 사술을 부렸다.[15] 고려는 신돈이 최고 지도자로 군림할 때 망했다. 백성들이 신돈의 군림은 야바위 짓이며 고려가 이런 식으로 망하는 것에 분개하고 있을 때 정력적이고 능력 있는 이태조(이성계)가 권력을 잡아 새로운 왕조를 열었다. 이때 그는 옛 고조선의 이름을 따 국호를 '조선'이라 하였다. 조선이란 이름에 대해 한마디 해야겠다. 한 작가가 '조선(朝鮮)'을 '조용한 아침(morning calm)'의 뜻이라고 주장했다. 그러나 '조선'이란 글자에는 '조용한(calm)'이란 의미가 들어 있지 않다. '조선'은 한자를 아는 사람 누구나 말하듯이 '아침의 광채(morning effulgence)' 또는 '아침 햇살(morning radiance)'을 뜻한다. '조용한 아침'은 '은둔의 왕조(Hermit Kingdom)'나 마찬가지이다. 조선 역사를 보면 조선인들은 외국에 문호를 개방하기 전에도 일본이나 중국인들보다 은둔하여 지내지 않았다. 앞선 글에서 언급했듯이 해안의 황폐화라는 가정은, 은둔을 과장하기 위해 듣기 좋지만 사실을 호도하는 거짓 선동이다. 고려의 멸망과 함께 서울이 송도

---

15. 고려 32대 우왕(禑王)의 출생에 대해 당시 알려진 야사를 말한 것으로 보인다.

에서 현재의 한양으로 바뀌었다. '서울'이란 말은 수도를 의미한다. 따라서 고려 때 송도도 서울이라 불렸다. '서울'은 신라시대의 '서라벌'에서 유래했다. 영어 '도시(town)'가 앵글로색슨의 '턴(tun)'에서 왔듯이. 옛 이름 '서라벌'은 '주요 도시(chief town)'를 의미한다. 그러나 이 원시 단어가 정확하게 어떻게 유래했는지를 알기란 매우 어렵다. 문헌을 전혀 남기지 않았기 때문이다. 따라서 초기 언어학은 추측에 의존할 뿐이다. 너무 다른 이야기에 집중했으니 이제 다시 우리의 여행길로 돌아가자.

송도까지는 아직 15마일 정도 떨어진 지점에서 일꾼들이, '송도지세'라 부르는 산맥의 끝자락에 위치한 칙칙하고, 나무가 없는, 바위로 형성된 산등성이를 가리켰다. 여기에서 밝힐 것은 조선에서 수도에 적합한 곳은 거대한 산맥의 끝자락이라는 사실이다. 지금의 수도인 서울의 바로 뒤편에 있는 북한산은 상상의 세계에서 보면 흰머리를 뜻하는 백두산에서 시작한 백두대간의 종결 지점이다. 백두산은 한반도[16] 북단의 중국과의 국경에 높이 솟은 최고봉이다. 이러한 이유에서 조선 조정은 매년 한반도 북동쪽 함경도의 관아가 있는 함흥에 대표단을 파견한다. 그들은 내륙으로 더 들어가 백두산의 경이적인 하얀 정상이 시야에 들어올 때까지 가서 예물을 차려놓고 산을 향해 무릎을 꿇는다. 이러한 행위는 조선인들에게는 집권층의 명운을 지키는 의식이다.

16. 이 글에서는 'Korean peninsula(조선반도)'를 '한반도'로 통칭하였다.

이 의식은 필자가 본 조선인들의 강한 시적 감성의 여러 행위 중 하나이다. 송도 가까이 다다르자 길가에 세워진 작은 석탑이 나타났다. 이 석탑은 몇 안 되는 조선의 석탑 중 하나다. 서울에도 옛 시대의 강력하고 부요했던 불교 사찰이 서 있던 장소를 표시한 다른 석탑 하나가 세워져 있다.[17]

원각사지십층석탑.《대한제국의 종말》(1906)에서

17. '원각사지십층석탑'을 말하는 것으로 보인다.

이 석탑들은 중국이나 일본의 석탑에 비해서는 미미한 규모이며, 가장 큰 석탑의 높이가 40피트 정도이고 내부는 비어 있다. 따라서 이 석탑들은 탑 형태의 기념물이라 부르는 것이 타당하다. 송도 외곽에 도착하여 커다랗지만 파손된 돌다리를 만났다. 다리 밑으로 완만하게 흐르는 하천은 퇴적된 모래와 풀로 덮여 있었다. 옛적에는 이 하천이 꽤 큰 배가 떠다닐 정도로 상당한 규모의 강어귀를 형성했으며, 송도 항구가 이 돌다리 근처였다고 한다.[18] 지금으로서는 상상하기가 쉽지 않은 이야기이다. 하천의 점진적 쇠락이 송도 함락의 계시였다는 이야기도 전해지고 있다. 송도 평야에서 광대한 국영 인삼 경작지가 보였다. 독자들도 아시다시피 조선에서 인삼은, 인도 정부가 아편을 독점하듯 조정이 독점하는 사업이다. 인삼의 경작은 조정이 엄격하게 관리하고 감시한다. 매년 인삼 생산물은 모두 한양으로 수송되어 그곳에서 높은 가격으로 매겨진다. 조선 수출에서 최대의 비중을 차지한다. 물론 경작된 인삼은 야생 산삼에 비해 효능이 떨어지고 가격도 높지 않다. 야생 산삼은 한반도 북쪽 삼림지대에서 많이 발견된다. 조선의 심마니들 대부분은 서양에서 금맥을 찾아다니는 사람들처럼 뚜렷한 목적을 가지고 산삼을 캐러 다닌다. 인삼밭은 보기에도 뚜렷한 특징이 있다. 인삼이 길게 정렬해 있으며 지푸라기나 풀로 만든 남향으로 경사진 2피트 높이의 지붕으로 덮여 있다. 인삼밭 전체가

___
18. '벽란도'를 말하는 것으로 보인다.

작은 헛간이 열을 지어 있는 것처럼 덮여 있어 매우 이채롭게 보인다. 따라서 매우 조심스럽게 인삼을 경작하고 있음을 알 수 있다.

송도 외곽을 반 마일쯤 지나자 송도성곽이 눈에 들어왔다. 성곽의 높이는 서울 성곽보다 7피트 정도 낮은 8피트쯤이다. 그러나 성곽의 보존 상태는 서울이나 비슷했다. 송도의 동쪽 문은 현재 존재하지 않는다. 그러나 아치형의 거대한 석조물은 남아 있다. 일단의 송도 관리들의 조정에 대한 불경죄를 물어 전 왕의 명으로 동쪽 문은 사라졌다고 한다. 우리는 송도 대문 바로 밖에 위치한 넓고 안락하게 보이는 주막에 여장을 풀었다. 아직 날이 어둡지 않아 성곽 안을 걸었다. 성곽 안은 극히 일부 지역에서만 사람이 살고 있었다. 송도의 전성기에는 관리 등 상류층이 빽빽하게 살았지만 지금은 다 사라지고, 대신 꽃을 재배하는 원예지대가 들어섰다. 여기저기에서 옛 건물의 돌로 된 잔해물이 눈에 띄었다. 불교가 퇴락했음에도 튼튼한 지붕 아래 놓인 옛 돌부처가 보였다. 그러나 폐허 속에 잡초가 무성한 거리를 보며 이곳이 영화를 누렸던 수도였다는 사실을 상상하기란 힘들다. 우리는 마침내 옛 왕궁 터에 다다랐다. 거대한 석물들이 오랜 세월이 지났음에도 남아 있었다. 멋진 돌계단들이 흩어져서 넓은 공터에서 나뒹굴었다. 이곳이 커다란 궁궐의 정문이 있던 자리였음이 틀림없어 보였다. 자세히 보니 6개의 커다란 주춧돌이 보였다. 이 주춧돌들이 기둥을 받치고, 기둥들이 3개의 문을 받쳐줬다고 한다. 이곳 뒤편에 잡초가 무성한 채 붕괴된 석조물과 부스러진 층계가 혼란스럽게 놓여 있다. 사이사이로 100년도 더 돼 보이는 소나무들도 곳곳에 서 있다. 여기저기에서 고송들의 우둘투둘한 뿌리가 궁정 사람들이 밟고 다녔을 아름답게 조각된 돌들을 휘감고 있다. 마치 도학자들의 천국 같은 느낌이다. 이곳 뒤편에 자리한 어둠에 깔린 준엄한 산들이 거의 천 년 전 궁궐을 안타까워하며 무겁게 내려다보는 듯했다. 정확히 말하면 지금으로부터 976년 전, 즉 노르만족이 잉글랜드를 점령하기도 전인 서기 915년에 고려 왕국이 시작하였다.[19] 이렇게 장구한 역사를 가진 동양인들이 자신들의 역사를 손가락으로 세는 서양인들을 내리깔아보는 것은 결코 놀랄 일이 아닐 것이다.

19. 오늘날 고려의 건국 연도는 918년이다.

4. 비를 맞고 조선식 화로에 몸을 말려, 조선 풍광의 특징은 웅장함(grandeur)

-《재팬메일(The Japan Weekly Mail)》, 1891년 7월 25일-

어둠이 드리울 때까지 우리는 송도 왕궁의 옛 터전을 거닐고 있었다. 옛 도시인 송도의 아주 흥미진진한 특별한 이야기는 북동문 밖의 축하의 다리이다. 이야기인즉슨 이렇다. 고려 마지막 왕시대에 오늘날 총리 위치의 재상이 바로 학식이 고매한 정몽주였다. 그는 학문과 인품이 뛰어났으며 동시대의 가장 뛰어난 선비이자 정치가였다. 이성계 장군이 한반도 남해안에 출몰한 일본 해적의 일련의 공격을 성공적으로 물리치고 돌아왔다. 이성계는 모든 전선에서 일본 해적을 패퇴시켰으며, 백성들은 그를 숭배하기에 이르렀다. 그의 성격 중 가장 빼어난 특징은 왕에 대한 완전한 충성이었다. 그러자 군 전체가 그를 따르며 우상시했다. 따라서 위대한 장군의 명성을 질시하는 정몽주는 죽을 수밖에 없는 처지였다. 마침 왕의 아들이 명나라 남경으로부터 돌아오자 정몽주는 이성계에게 대규모 사절과 함께 국경으로 가서 왕자를 영접하여 군사적 예우로 왕자를 받들어 수도로 모셔오도록 요청했다. 정몽주는 동시에 이성계의 추종자들을 향해 일련의 보복 행위를 준비했다. 이 음모를 눈치챈 이성계의 한 아들이 황급히 사람을 보내 아버지에게 돌아오기를 청했다. 고결한 성품의 이성계는 이러한 음모를 믿을 수가 없었다. 그러나 어렵게나마 이 일이 성공하였다. 이성계는 출발한 당일 밤에 비밀리에 돌아와 사태를 막았다. 그러자 이성계의 추종자들이 자신들이 살기 위해서는 정몽주를 제거해야 한다고 이성계에게 요구했다. 이성계는 단호하게 허위사실로 자신을 비방한다 해도 범죄를 저지르며 자신을 지키는 일은 하지 않겠다고 추종자들의 제안을 거부했다. 그럼에도 일단의 젊은 추종자들이 방심은 금물이라며 이성계 장군의 길을 막는 돌부리를 제거하기로 결심했다. 연회가 준비되었고 정몽주도 초대되었다. 정몽주가 참석한 가운데 연회가 순조롭게 진행되었다. 그러나 새벽녘 정몽주가 집으로 돌아가는 길에 앞에 언급한 돌로 만든 다리를 건널 때 일단의 무리들이 좌우에서 정몽주에게 돌을 던져 결국 그를 죽게 만들었다.[20]

송도의 선죽교. 《대한제국의 종말》(1906)에서

20. 다리는 선죽교를 말한다.

정몽주의 몸에서 나온 피가 돌에 묻어 오늘날까지 피가 돌에서 지워지지 않고 있다. 겨울의 광풍이나 여름의 소나기도 대인 정몽주의 피를 돌에서 한 방울도 지울 수 없었다. 돌다리 위에 어떤 덮개도 없었는데도 말이다. 우리가 본 돌다리는 보호방책으로 둘러싸여 있었다. 따라서 돌다리 안으로는 아무도 들어갈 수가 없었다. 물을 돌에 뿌리면 무색무취한 빨간 얼룩이 선명한 피가 된다고 한다. 지질학의 신비함에 정통할 수 없었던 조선인들은 이 얼룩은 정몽주의 실제 피며, 하늘이 위대한 인물이 여기에서 떨어졌다는 영원한 흔적을 남기는 기적을 서품했다는 확실한 증거라고 여기고 있다.

주막으로 돌아오는 길에 우리는 송도의 특산품으로 정평이 나 있는 크고 달콤한 복숭아를 샀다. 우리가 주막에 도착할 무렵 이 고을 수령[21]이 북쪽에 위치한 자신의 처소로 돌아가는 길에 관아의 관리들과 함께 우리가 묵고 있는 주막 바로 옆 주막으로 들어갔다. 우리가 저녁을 먹고 있는 동안 거리에서 소란이 일었다. 밖을 보니 군졸들[22]과 일꾼들이 거지꼴을 한 자를 무자비하게 두들겨 패고 있었다. 얻어맞는 자는 한 관리의 하인으로 술을 마신 후 허락도 없이 수령에게 접근하다가 관아에서 끌려 나와 죽도록 두들겨 맞은 것이다. 하도 맞아 동료 하

---

21. 원문은 'magistrate'이다. 수령 또는 현감을 의미한다고 보았다.
22. 원문은 'kenisos'이다. 관아의 군졸로 보았다.

인들이 거의 죽은 채로 그를 데려갔다. 다음 날 아침 우리는 인근 주막에 들었던 수령 일행이 떠나기 전에 길을 떠났다. 수령 일행이 느지막하게 행동하는 것은 조선인들의 행동 양식의 주요 법칙인 '절대 서두르지 마라(Never be in a hurry)'를 따른 것이다. 이 말은 '서두르는 모습을 절대 보이지 마라(Never appear to be in a hurry)'가 더 어울리는 표현일지 모른다. 조선에서 '양반'은 일종의 특권층을 말한다. 만약 양반이 자신의 집에 불이 나서 재빨리 피신해야 할 경우라도 거리에서 뛰는 모습을 보이면 체면을 구기는 일이 된다. 이러한 행동 양태는 상류층의 품격을 말하는 조선 양반의 보편적 행동 규범이다. 반면 이는 거리에서 씩씩하게 활보하는 이웃나라 일본과는 대조적인 행동 규범이라 할 수 있다. 필자는 최근 서울 사람들은 서양인들을 양반으로 간주한다고 들었다. 서울 사람들이 그리 생각하는 이유는 영국인이나 미국인 또는 서양인들은 거리를 걸으며 주위를 둘러볼 때 단지 고개만 트는 것이 아니라 몸 전체를 틀어서 주위를 둘러본다는 것이다. 서양인들에게는 싫지 않은 평가이다. 무슨 일인지 알기 위해 어깨 위로 머리를 돌리는 것은 조선인들에게는 미천한 태생의 신호이다. 왜냐하면, 그리하는 것은 그 사람이 서둘러서 어느 쪽을 가리킬 뿐만 아니라 이 방법으로만 주위를 둘러본다고 여기기 때문이다. 조선의 진짜 양반은 어떤 경우라도 진중해야 한다. 이는 전체적으로 재미나는 조선의 특징이다. 그러한 행동거지는 독특한 모양의 옷차림과 함께 조선 신사의 갈지자걸음에 품격을 더해주는 행동으로서 이는 서양의 어느 문명국가에서도 보기 힘든 광경이다.

송도 외곽을 미처 빠져나가기 전에 소나기가 쏟아져 온몸을 흠뻑 적셨다. 조선 양반 식으로 일찍 서두르지 않았으면 좋았을 텐데 말이다. 시골 농가의 갈색 초가지붕이 필자 일행의 피난처가 될 것을 믿었다. 우리는 진흙 바닥을 마다않고 말고삐를 당겨 작은 농가의 문 앞에 다다랐다. 문이 열려 있고 아무도 보이지 않아 곧바로 문 안으로 들어갔다. 조선식 사전 예고 방법인 헛기침을 하자 일단의 여인네들이 눈에 띄었다. 그녀들은 우리를 보자 당황하며 황급히 방 안으로 뛰어 들어갔다. 초가지붕은 매우 낮았다. 따라서 우리는 지붕에 걸리지 않기 위해 허리를 말안장에 닿기까지 굽혀야 했다. 앞쪽이 튀어나온 커다란 멕시코 식 말안장을 가진 일행 중 한 명은 애로가 이만저만이 아니었다. 그가 조선인이었다면 상투(top-knot)가 벗겨졌을지도 모른다. 우리는 12시간 동안 쉬었다가 갓 나온, 그러나 언제나 진로를 가로막고 서로 티격태격하는 말들과 씨름하느라 좁은 입구에서 30분 동안이나 혼잡스레 어슬렁댔다. 날씨는 계속적으로 비가 쏟아질 기미 외에는 기대할 것이 없었다. 이미 온몸이 젖고 구두와 모자에도 빗물이 가득 스며들었다. 우리는 별 수 없이 다시 말에 올랐다. 물방울을 튀기며 진흙탕을 달리면서 짐짝 속에 있는 말짱한 마른 옷가지에 생각이 꽂히기도 했다. 매 5~6마일마다 주막에 들러 조선식 화로에 몸을 말렸다. 이리 비를 맞으며 말을 타고 조선 시골길을 여행하는 것은 아무리 생각해도 강한 정신력이 요구되는 하나의 스포츠였다.

이날 우리가 지나온 지역은 서울과 평양 사이에서 가장 풍광이 아름다운 지역인 듯싶다. 양편에 장대한 산림으로 덮인 고원이 우뚝 서 있고, 그 사이로 좁은 계곡이 나 있다. 이러한 풍광이 산을 휘감아 돌며 연속적으로 이어져 변화무쌍한 아름다운 경치를 선사했다. 우리가 위치한 곳이 수목이 우거진 산으로 이끄는 유일한 길목이었다. 우리는 군사적으로 침략자의 진출을 완전히 가로막을 수 있는 가장 전략적인 산의 중간 지점에서 또 다른 거대한 돌문을 만났다. 험상궂은 아치형 문 아래에서 잠시 쉬며 이곳에서 얼마나 많은 치열한 전쟁이 있었을까를 떠올렸다. 만약 이곳이 말을 할 수 있다면, 적을 격퇴시키기 위해 총안(銃眼)이 촘촘하게 만들어진 성벽이 이곳에 있었다고 말할 것 같았다. 이곳 양 측면에 아직도 총안이 남겨진 육중한 성벽이 존재한다. 이 성벽은 좁은 계곡을 타고 깎아지른 듯 가파르게 경사진 산의 거의 정상까지 뻗쳐 있다. 조선 역사가 옛 전쟁들에 대해 미미하게만 기록을 남겼다는 점은 슬픈 일이다. 전쟁들에 대한 기록이 상세하게 전해졌다면 유럽의 경우처럼 많은 영웅적 위업들과 국가에 대한 헌신에 대해 명확하게 이야기해 줄 텐데 말이다. 이곳의 방위 성벽들은 사냥꾼이 깊은 산에서 맞닥뜨리는 수사슴의 좌우 뿔이 서로 맞물려 있는 형국 같았다. 이에서, 자세한 내막은 전해 지지 않고 있지만, 불화하는 두 나라의 군왕을 위해 싸우는 처절 한 사투의 전쟁을 상상할 수 있다. 시인에게는 역사의 잔재만으 로도 충분하다. 왜냐하면, 시인들은 자신의 이야기를 전하거나, 상상 속에서 로맨스 이야기이건 기사도 정신 이야기건 간에 역 사의 많은 이야기를 짜낸다. 그러나 역사가는 무엇이 원인이고 침략의 결과는 어떠한지를 기꺼이 알아낸다. 미모의 왕비가 보 쌈을 당했건, 황금 양모(golden fleece)가 가슴에 불을 질러 침 략자의 탐욕을 자극했던 간에 말이다.

우리는 황해도 '평산(平山)'이라는 고을의 주막에 여장을 풀기 위해 말을 세웠다. 아직도 산봉우리에 저녁놀이 아른거리며 자 주 빛깔 하늘이 어둠이 깃든 계곡을 비추고 있다. 반대편 산으로 눈을 돌리자 산 정상에 옛 요새의 육중한 성벽이 보였다. 성벽은 기암괴석의 가파른 산봉우리를 에워싸며 밤하늘에 그림자로 어 른거렸다. 이 성벽은 몇 세기 동안이나 평산에 존재했다. 한때는 피난처로, 지역의 수호신으로 받들어졌으나 지금은 오직 옛 전 쟁터의 전율 넘치는 전설의 핵심으로만 존재한다. 주막에 여장 을 풀고 저녁상을 기다리는데 고위 관리의 행차를 알리는 군졸 의 괴이한 외침이 들려왔다. 전날 밤에 지독하게 얻어맞은 바로

54

그 하인의 상전인 수령이 도착한 것이다. 수령의 수행원들이 수령을 우리가 묵고 있는 주막 바로 옆 주막으로 안내했다. 그런데 분명 무슨 일이 벌어지고 있는 것 같았다. 누군가가 얻어맞는 소리와 자비를 베풀어 달라는 외침이 들려왔기 때문이다. 우리 일꾼들이 말하기를 수령 잠자리를 위해 이부자리, 등잔불 등을 잘 준비하라고 하인 한 명을 미리 보냈는데, 이 자가 제대로 일을 해내지 못해 군졸들 손에 징벌을 당하고 있다는 것이다. 이 하인의 잘못은 매우 크지만 어젯밤 얻어맞은 하인보다는 더 좋게 결말이 나는 듯 보였다.

밤이 되어 우리는 사전에 준비한 대로 이곳 수령을 방문한다는 서찰을 관아에 보냈다. 곧장 일단의 군졸들이 홍사초롱과 함께 주막으로 와 우리를 수령의 처소로 안내했다. 우리는 수령과 몸을 구부리고 절을 하는 조선 식 예법으로 "앞으로 알고 지내시지요(Let us become acquainted)."라면서 이름을 주고받는 통성명을 하고, 상대에게 평안하시라는 말을 건네며 수인사를 했다. 상대방의 나이를 묻는 것도 조선의 예법 중 하나다. 특히 누가 더 나이를 먹었는지가 불분명할 때는 조선 식 경어를 쓰기 위해서라도 이 질문은 절대적으로 필요하다. 조선의 경어는 나이에 따라 달라지기 때문이다. 조선에는 '당신(you)'이란 표현이 15~20개 정도나 된다. 당신을 뜻하는 각각 단어의 쓰임새가 다 다르다. 따라서 상대방의 나이를 알아야 상대방과 나 사이의 관계에 걸맞은 당신이라는 의미의 단어를 바르게 선택한다. 보료에 앉은 수령이 우리들에게도 자신이 앉은 보료에 앉기를 권했다. 그러나 우리는 조선 식 예법을 잘 알기에 수령과 얼굴을 마주보며 반대편 보료에 앉았다. 수령이 서양인과 처음 대면하는 자리라서 의례적 인사말만 나누고, 양 측 다 그리 불편함 없이 대면을 마쳤다. 다음 날 아침 조반을 먹는 중 수령이 답방을 왔다. 다소 당황스러웠지만 조선의 예법이었다. 오늘이 바로 서울과 평양 사이에서 가장 높은 고개를 넘어야 하는 날이다. 이 고개는, 이 글을 읽는 독자들이 다 아는 산과 계곡이 아름다운 일본 나카센도의 와다(和田) 고개처럼 꾸준히 인내하며 걸어야 하는 길이다. 하산도 급류가 굽이치듯 꾸불꾸불한 길을 따라가야 한다. 필자는 조선의 길과 말이 일본의 길과 쿠즈마(말)만큼 유쾌하다고 단언하고 싶지는 않다. 오른편에 있는 금천(金川) 관아를 지나 높은 절벽을 만나자 장관이 시야에 들어왔다. 필자가 일본에서 본 어떤 강보다도 폭이 큰 강의 거대한 물결이 우리들 앞으로 흘렀다. 여기에서 일본과 조선의 경치 차이를 설명하는 것은 적절하지 않을지도 모른다. 그러나 굳이 나의 관찰을 이야기한다면 일본 풍광은 '그림 같은 아름다움(picturesqueness)'으로 특징지을 수 있으며, 조선 풍광은 '웅장함(grandeur)'이라고 말할 수 있다. 일본 풍광에 웅장함이 없다고 말하는 것은 아니다. 필자는 구마모토 부근 아소산(阿蘇山)의 활성 분화구 가장자리에서 바라본 수평선보다 더 웅장한 장관은 어디에서도 볼 수가 없다고 여긴다. 이 수평선은 각 측면마다 거대한 암벽과 인접해 있고 암벽은 옛 분화구와 경계를 이룬다. 옛 분화구는 15마일 정도의 둘레로 이 안에 80개 마을이 아름답게 자리 잡고 있다. 그렇다고 조선에 '그림 같은 풍광'이 없다는 말도 아니다. 특히 조선 왕릉 근처 풍광은 일본의 최고 풍광에 비해 손색이 없다. 필자가 말한 두 나라의 특징은 원초적 차이를 가리킬 뿐이다. 이러한 두 나라의 차이는, 일본이 완전한 화산의 나라이기에 벌거숭이산이 많고 반쯤은 사막일 것이라는 선입견과 조선은 근세에 화산 활동의 흔적이 전혀 없는데도 벌거숭이산이 많다는 사실에서 더욱 놀라울 수 있다. 이러한 차이의 이유는 한편으로 두 나라 사람들의 생활 양태, 다른 한편으로는 해류의 방향에서 찾을 수 있다. 남쪽으로부터 올라오는 따뜻한 해류가 일본 남쪽에서 갈라지는 것은 다 알 것이다. 이때 갈라지는 해류 중 하나는 동쪽 해안을 거쳐 조선해협(Straits of Korea)으로 흘러들어가면서 일본 해안을 감싼다. 반면에 차가운 해류는 북쪽에서 내려와 조선 동해안으로 밀려들어간다. 이러한 해류의 방향으로 인해 일본 전역의 날씨가 조선의 같은 위도 상 지역보다 훨씬 따뜻하다. 따라서 자연스럽게 조선인들은 그들의 삼림을 벌채하여 연료로 쓸 수밖에 없고 일본인들은 온도가 높아 삼림을 잘 보존할 수 있는 결과를 낳는다. 물론 조선 북쪽에는 덫 등을 사용하는 전문 사냥꾼이

나 산삼을 캐는 심마니들만이 들어갈 수 있는 인도의 밀림지대
와 같은 수백 제곱마일의 원시림이 있다. 그러나 남쪽에는 삼림
지대가 매우 적은 편이다.

5. '조선'은 'Chosen'이 아닌 'Chosun'으로 써야 하며, '朝鮮'은 '조용한 아침(Morning Calm)'이 아닌 '아침 햇살(Morning Radiance)'을 의미

-《재팬메일(The Japan Weekly Mail)》, 1891년 8월 1일-

이제 기원전 1122년부터 실제 역사 기록이 존재하는 평양에 대해 이야기하고자 한다. 로스(Ross)와 그리피스(Griffis)가 '깃수(Kitsu)'라고 부른 '기자(箕子)'와 그의 조선 정착에 관련한 이야기는 매우 흥미롭다.[23] 기자는 중국에서 넘어온 사람이다. 조선 역사와 관련하여 기자에 대한 이야기는 매우 단편적으로만 영어로 소개되었다. 로스는 〈조선의 역사, 예의, 관습(History, Manners, and Customs of Korea)〉(이 글은 실상은 중국 요동의 역사이다)이라는 글에서 조선에 대해 언급하며, "'깃수'의 이야기는 불가능하지 않다. 그러나 의심을 받을만하다."라고 말했다. 중국 역사와 관련해서는 이 말이 맞을지도 모른다. 필자는 이와 관련한 조선 측 역사 기록에 아직 접근하지 못했다. 따라서

---

23. '깃수'는 '기자조선(箕子朝鮮)'을 세운 '기자(箕子)'의 일본식 발음이다. 조선 말기에는 '기자조선'의 실체가 인정되었으나 오늘날에는 부정하는 견해가 지배적이다. '로스'는 만주에서 선교사로 활동한 영국인 'John Ross(1842~1915)'를 말하는 것으로 보인다. '그리피스(William E. Griffis, 1843~1928)'는 《은둔의 나라 조선(Corea, the Hermit Nation)》을 쓴 사람이다. 그리피스는 조선에 와 보지도 않고 일본 학자들의 주장을 바탕으로 조선에 대한 글을 써 그의 글에는 오류가 많다.

확실한 증거 문헌을 찾지 못해 뭐라 말할 수 없다. 로스와 마찬가지로 조선 역사 자료를 일본과 중국의 학자들을 통해서 얻은 그리피스는 "잘 정리된 조선 역사로 돌아가자."라며 조선이 기원전 225년에 시작되었다고 했다. 그러나 진정한 조선의 역사는 이보다 훨씬 빠르거나 훨씬 뒤에 시작했다고 볼 수 있다. 여기서 조선의 역사 자료에 대해 말하고자 한다. 세계 공통으로 어느 나라나 고유의 역사 자료가 공개되기까지는 그 나라의 역사는 인접 국가나 동시대 나라들의 역사 문헌에서 언급되기 마련이다. 더 정확히 말하면 조선 역사는, 조선 고유의 역사 문헌이 공개될 때까지는 여타 세계 역사처럼 중국과 일본 역사에서 언급한 조선에 대한 내용을 따르게 된다. 따라서 모든 현존하는 조선 역사는 그런 방식으로 만들어졌다. 어느 나라든 가장 정확한 역사 기록의 원천은 그 나라가 만든 역사 연감, 즉 실록이다. 조선은 이면에서 더욱 그러하다. *물론 그러한 역사 연감이 상당한 정도의 신뢰를 보장하는 충분한 문명적 근거 위에서 기록되어야 한다.*[24] 이제 그렇다면 조선 고유의 역사 기록의 원천에 대한 진실은 무엇인가? 몇 백 년 전까지 조선의 문명화가 일본의 문명화보다 훨씬 앞섰다는 점은 여러 면에서 인정되었다. 일본인들은 사실상 그들의 문명화가 한반도에 존재했던 국가들에 의해 영향받았음을 인정하고 있다. 일본의 예술, 종교, 중앙집권제도가 조선에서

---

24. 헐버트는 원문에서 이 대목을 강조하기 위해 이탤릭체로 썼다.

유래했을 가능성은 매우 높다. 문제는 중국과 조선 역사의 기록에 대한 상대적 신뢰성이다. 기자가 기원전 1122년에 조선에 왔을 때 그는 약 5천 명의 추종자들과 함께 왔다. 그리고 바로 평양에 정착하여 조선왕국(Kingdom of Chosun)을 세웠다. '조선'은 'Chosen'이 아닌 'Chosun'으로 써야 하며, '朝鮮'은 '조용한 아침(Morning Calm)'이 아닌 '아침 햇살(Morning Radiance)'을 의미한다. 조선은 또 중국에서 볼 때 해가 뜨는 나라를 의미한다. 기자는 존경받는 중국의 학자였다. 따라서 그를 따라온 5천 명의 추종자들 중 상당수가 학문적으로 출중한 자들이었을 가능성은 매우 높다. 기자는 한반도에 정착한 직후 중국 식 왕조를 건설하려 했다. 그는 법치 제도를 도입하고 행정구역을 지정했다. 중국의 사상과 문학을 소개했다. 이로 보아 이후 왕들이 당시의 중요 사건들에 대한 기록을 남기지 않았다고는 상상할 수 없다. 조선의 고유 역사 기록이 41명(로스가 말한 14명이 아닌)의 왕이 있었다고 말한 사실이 이를 대변한다. 기원전 1122년부터 기원전 100년까지에 14명만의 왕이 있었다는 것은 어불성설이다. 14명만을 믿는다면 왕 1명이 평균적으로 70년 넘게 통치했음을 말한다. 이는 원천적으로 믿을 수 없으며, 41명의 왕의 이름은 조선 역사 기록에 다 남겨져 있다. 이후 '위만(衛滿)'의 침공이 있었다. 위만이 평양을 점령했을 때 고조선의 마지막 왕 기준(箕準)은 배를 타고 현재의 충청도 지방인 남쪽으로 도망쳤다. 기준은 평양의 주요 제도를 챙겨 도망하여 마한(馬韓)의 지도자가 되었다. 이러한 사실은 로스의 "현재의 조선은 고조선과 관련 없는 사람들이 살고 있다."라는 주장을 반박하기에 충분하다. 사실은 오늘날의 조선인은 여러 부족이 합쳐졌으며, 일부는 북쪽에서 내려오고 일부는 남쪽에서 올라왔다고 말할 수 있다. 기준은 추종자들과 함께 남쪽으로 도망치면서 그들의 통치 연감을 가지고 왔다. 이후 한반도에는, 국가 문헌 전체가 훼손된 여러 사변이 있었던 중국과 달리 국가 문헌을 위협할만한 격변은 없었다. 조선은 어떤 이유에서건 중국에서 자신의 직위를 유지하기가 불가능하다고 여긴 자들의 망명지 역할을 해왔다. 따라서 조선에는 고차원의 지식층이 존재해왔으며, 이는 대규모의 외세의 침략(몽골이나 일본의 침략은 조선의 문헌에 크게 영향을 주지는 않았다)이 없었다는 점과 함께 조선의 역사 문헌이 중국만큼 사실대로 보존되는 데에 기여하였다. 필자는 기자조선까지 거슬러 올라가는 소선 역사책을 수중에 가지고 있다. 이 책은 기원전 100년 이후 조선의 모든 쇠락을 기록하고, 조선이 중국에 파견한 거의 모든 사절의 이름과 사행 연도 및 중국 황제의 이름을 남겼다. 이 문헌의 기록자는 어떠한 강한 비판도 두려워하지 않았음이 분명하다. 이 책은 진정한 조선 역사 기록의 원천이라 아니할 수 없다. 이 기록은 몽골 왕조에 대한 역사 기록만큼 신뢰할 수 있다고 여긴다. 그렇다면 이 기록은 필자 일행이 곧 만나게 될 평양을 건설한 기자에 대해 어떻게 말하고 있는가? 이 기록에 따르면 기자는 상(商)나라 마지막 왕의 측근 세 사람, 즉 '비간(比干)', 미자(微子)[25], 그리고 기자 중 하나라고 적고 있다.[26] 이 중 두 번째 측근 와자는 왕의 방탕함을 경멸하여 왕의 곁을 떠났다. 기자는 비간에 비해 그리 빼어난 인물이 아니었다. 비간의 운명에 대해, 중국의 민속 신화에 나오는 인물과 비슷한 인물을 그린 조선 전설에서 찾아보자. 조선 전설에 따르면 상나라의 마지막 왕인 주(紂) 임금에게는 '달기(Tal Keni, 妲己)'라는 이름의 미모의 애첩이 있었다. 미모의 달기는 특히 웃을 때가 놀라울 정도로 예뻤다고 한다. 그러나 그녀는 고문이나 팔다리를 절단하는 등의 야만 행위를 목격할 때를 제외하고는 절대 미소 짓지 않았다. 이는 유약한 왕에게 목불인견의 잔인한 행동을 하도록 몰고 갔다. 비간은 왕에게 잔인한 행동을 멈추라고 간청했다. 그러나 왕은 비간의 말을 듣지 않았다. 달기는 매달 '향산'이라 불리는 산으로 갔다. 그녀는 항상 수행원들을 산기슭에 두고 걸어서 혼자서 산을 올랐다. 비간은 달기가 악령에 의해 인간으로 변신한 여우라고 여겼다. 비간은 어느 날 달기가 향산에 오를 때 병사들을 몰래 보내 감시할 것을 지시했다. 산까지 따라간 병사들은 달기가 어느 동굴에 들어가는 것을 보았다. 그녀는 곧바로 수많은 여우들

---

25. 원문은 'Wa Ja'이다.
26. 상(商)나라 말기의 '세 명의 어진 사람(三仁)'으로 불린 '비간(比干, 기원전 1125~1063)', '미자(微子)', '기자(箕子)' 3인을 말한 것으로 보인다.

에 둘러싸여 동굴에서 나타났다. 여우들은 그녀 옆에서 껑충껑충 뛰며 즐거워했다. 그녀가 떠난 뒤 병사들은 동굴 안으로 들어가 모든 여우들을 죽였다. 병사들은 여우의 앞다리 밑에서 발견한 하얀 털의 일부를 잘라서 돌아와 비간에게 건넸다. 비간은 이 여우 털로 외투를 만들어 왕에게 바쳤다. 한 달이 지났으나 달기는 여우들로부터 초대를 받지 못했다. 그러자 달기는 산에 가 보기로 결심했다. 달기가 동굴 안으로 들어가자마자 모든 여우가 죽어 있는 것을 발견했다. 물론 여우의 흰 털 부분도 모두 사라져 버렸다. 그녀는 이는 자신을 반대하는 비간의 짓이라고 단정했다. 달기는 도성으로 돌아와 비간에게 복수할 궁리를 했다. 어느 날 달기가 왕에게 '착한 사람의 심장에는 7개의 구멍이 있다'는 말이 정말 사실인지에 대해 증명해 달라고 간청했다. 그러면서 비간을 실험 대상으로 지목했다. 왕은 마음이 내키지 않았지만 결국 허락했다. 생체를 찢는 공포의 실험이 진행될 때 비간은 달기를 노려보며 "당신은 여자가 아니라 여우요. 당신의 진짜 모습을 보이시오."라고 소리쳤다. 비간의 외침은 그녀를 흔들리게 했다. 그녀는 갑자기 작아지며 입고 있는 옷이 벗겨져 땅에 떨어지고, 9개의 꼬리가 달린 하얀 여우로 변했다. 그리고는 창문 밖으로 사라졌다. 그러나 비간을 구하기에는 너무 늦었다. 이미 칼이 그의 심장을 후벼댔다. 이 사건이 있은 뒤 왕조는 무너졌고 기자는 반역을 하는 대신 추종자들과 함께 황해를 건너 대동강을 거슬러 올라와 평양에 당도했다. 기자는 도착하자마자 원시적 생활을 하고 있는 조선인들을 진화시켰다. 언어가 달랐지만 기자는 문학, 의약, 음악, 예절, 생활 공예 등에 대한 서적을 조선 언어로 번역했다. 그는 8개의 법도 제정했다. 8개의 법은 부모와 가족에 대한 사랑, 왕과 관리들에 대한 공경, 부부유별, 연장자에 대한 공경, 친구간의 믿음, 살인자에 대한 처형, 폭력범의 처벌, 도둑놈을 노예로 만드는 일에 관한 것이었다. 조선인들은 기자를 조선 문명화의 출발점으로 여기고 있다. 기자는 조선인들에게 잉글랜드의 정복자인 윌리엄(William)[27]과 같은 존재이며, 사실은 훨씬 더 밀접한 관계이다. 따라서 필자가 보기에는 기자는 조선에 커다란 변혁을 가져온 인물이다. 그는 윌리엄(William)과 알프레드(Alfred)[28]가 잉글랜드를 위해 한 일보다 조선에 더 많은 일을 해냈다. 기원전 1122년 이래 조선에 어떤 변화가 있었건 간에 오늘날의 문명화는, 좋아졌던 더 나빠졌던 '기자'의 문명화에서 출발하였다는 사실은 부정할 수 없을 것이다. 다만 기자 이후의 조선 문명화의 중요한 한 요인은 불교를 들 수 있다. 우리는 불교가 얼마나 많게 또한 얼마나 적게 문명화에 기여하였는지는 대개 다 안다. 기자는 흩어져 있던 조선의 원시 부족에

---

27. 잉글랜드의 정복자인 윌리엄 1세(William the Conqueror, 1027~1087)를 말하는 것으로 보인다.
28. 바이킹의 침입을 막아 낸 알프레드(the Great Alfred, 849~899) 대왕을 말하는 것으로 보인다.

게 중앙정부 제도의 이점, 교양과 문화의 가치, 유목 생활보다 농경 생활이 좋다는 점을 알려 준 첫 번째 인물이다. 기자조선은 대동강 약간 남쪽까지 뻗치고, 한반도에는 멀리 남쪽 해안을 따라 흩어진 75개가 넘는 부족이 있었다. 이 부족들의 위치나 활동 흔적은, 그들은 이주자이며 만약 이들이 조선과 일본 사이에 어떤 연관성이 있다면 이들 부족을 통해서였을 것이라는 가설을 강하게 가리킨다. 기자와 그의 추종자들은 남쪽 부족들이 북쪽 출신이었다면 남쪽 부족에 대해 잘 알 수 있었지만 그러지 않았기에 남쪽 부족에 대해서는 아무것도 알지 못했다. 조선의 기록에 따르면 기준이 남쪽으로 도망갔을 때 그는 한반도 남쪽에 사람들이 사는 것 자체에 매우 놀랐다고 한다. 필자는 여기에서 한반도 남쪽 사람들의 기원에 대해서 논하고 싶지는 않다. 그러나 모든 증거는 한반도 남부 사람들은 몽골족이 아니라는 것을 가리킨다. 필자는 앞의 조선 역사에 대한 필자의 언급이 말안장 위에서 하루아침에 터득한 것이 아니라는 점을 밝힌다. 다만 유서 깊은 도시 평양이 조선 역사에서 갖는 위치를 정확히 알려 주기 위해 필자의 언급이 필요하다고 판단하여 그리하였다. 다음 글에서 오늘날의 평양에 대해 알려 주고자 한다.

6. 봉산(鳳山) 고을에 도착하니 주막 주인이 호랑이 주의보를 내려

-《재팬메일(The Japan Weekly Mail)》, 1891년 8월 15일-

필자는 지난 글에서 넓고 멋진 조선의 강에 대해 이야기했고, 강에 대한 추억은 필자를 일본과 한국의 풍광을 비교하도록 유혹했다. 발길을 재촉하다가 강이 시야에 들어오자 일행 중 한 명이 놀람과 실망의 탄식을 자아냈다. 전에 이 길을 여행한 경험이 있는 그가 말하기를 전에는 이 지점에 다리가 있었으며, 그 다리가 하도 아름다워 꼭 다시 보고 싶었다고 한다. 그러나 그는 놀랄 필요가 없었다. 왜냐하면, 필자가 전에 언급했듯이 조선에서 여름 우기에 교각을 유지할 수 있는 다리들은 규모가 큰 고을의 근처에 있는 돌다리들뿐이기 때문이다. 그러나 조선 조정은 친절하게도 다리가 물에 쓸려가 강을 건널 수 없을 때는 나룻배를 제공한다. 이곳 나룻배들은 요금을 받지 않는다. 그러나 쾌활한 나룻배 뱃사공은 마셜시(Marshalsea)[29] 이야기에 나오는 도릿(Mr. Dorrit)처럼 감사의 표시로 건네는 몇 푼의 봉사료를 받는 것에 익숙해 있다. 뱃사공은 그가 받은 돈이 결국 가까운 주막집 주인

---

29. 마셜시(Marshalsea)는 영국 런던의 사우스웍(Southwark)에 위치한 왕실 재판소 관할의 감옥이다. 디킨스(Charles Dickens, 1812~1870)의 소설 〈작은 도릿(Little Dorrit)〉에 등장한다.

한테 돌아간다는 고백을 마다하지 않았다.

　강은 흙탕물이었으나 물살은 매우 빨랐다. 나룻배는 아주 낡아 보였으며, 물로부터 4인치 정도 위에 떠 있었다. 설상가상으로 강바람이 거세고, 놀이 크게 일었다. 우리를 나르려 건너편에서 오는 나룻배를 바라보면서 함께 온 조랑말들이 배 안에서 서로 부딪치며 꼼짝달싹 못하고 서 있을 것을 생각하니 안쓰러움이 몰려왔다. 뱃사공은 우리가 느끼는 공포를 아랑곳하지 않고 웃어대며 우리를 위험하기 짝이 없는 나룻배 안으로 밀어 넣었다. 약간의 봉사료를 기대해서인지 기분이 유쾌해 보이는 뱃사공을 제외한 모든 이들의 몸체가 이리저리 흔들렸다. 서로 밀고 밀리면서 필자는 우리 일행이 〈고텀의 현인들(Three Wise Men of Gotham)〉[30]에 나오는 역사적인 배 안에 있다는 느낌을 받았다. 머더구스(Mother Goose)[31]의 설명에 따르면 고텀의 3명의 현인들은 접시를 타고 바다로 나아가는 무모함을 지닌 자들이 아닌가. 당황스럽게도 뱃사공이 강의 흐름을 가로질러 노를 저으며 거센 물결의 한 중앙으로 우리들을 몰아넣었다. 여기에서 문제가 발생했다. 말들은 다행히도 강 양쪽을 바라볼 수 있도록 나룻배의 세로 형태에 맞춰 서 있었다. 그리 위치하지 않았다면 나룻배의 흔들림으로 말들이 제대로 서 있을 수 없었을 것이다.

---

30. 고텀(Gotham)은 영국에 있었다는 바보들만의 마을을 말한다.
31. 머더구스(Mother Goose)는 영국의 전설적 동요 작가이다.

말들은 나룻배가 흔들거릴 때마다 코를 거의 물속에 집어넣으면서도 발을 꽉 딛고 버티고 서 있었다. 그러나 우리들은 나룻배가 흔들릴 때마다 배 양편으로부터 놀을 뒤집어썼다. 필자가 수영 실력을 발휘해야 하는 것 아닌가 하고 고심하는 순간 뱃사공이 위험을 느낀 듯 노를 강하게 좌우로 저으며 거센 물결을 헤쳐 나가, 드디어 강안에 도달했다. 우리는 허둥대며 미끄러운 강둑에 올라 안도의 한숨을 쉬었다. 그러나 우리의 짐은 아직 도착하지 않았다. 짐에 문제가 생겼을지도 모른다는 두려움에 젖었지만 서두르지 않고 짐이 무사히 도착하기를 기다렸다. 우리가 나룻배를 바라보며 짐을 기다릴 때 유쾌한 사달이 일어났다. 이 일에 대해 이야기하기 전에 꼭 하고 싶은 말이 있다. 보통의 조선인들은 매우 자주 조랑말을 타고 여행한다. 말 한 마리에 사람도 타고 짐도 싣는다. 조선인들은 등의자(chairback) 같은 나무 의자를 짐에 단단하게 매고 다리를 꼰 채로 높은 곳에서 세상을 관조하듯 앉아 있다. 그리고는 말 위에 앉아 나룻배가 자신을 날라 주기를 기다린다. 한편, 그자 뒤에서 농부가 다섯 마리의 검은 돼지를 새끼줄에 묶은 채 장에 가기 위해 기다리고 있다. 돼지의 본성의 발동이건 또 다른 이유에서든 간에, 갑자기 설명할 수 없는 이유로 다섯 마리의 돼지들이 도망쳐버렸다. 새끼줄이 농부의 손가락에서 빠져나간 것이다. 성깔이 발동한 돼지들은 새끼줄이 허용하는 한 넓게 흩어져 모든 물건을 망가뜨렸다. 돼지들이 부딪치는 첫 번째 장애물은 운 없는 여행자의 조랑말 뒤꿈치다. 새끼 줄에 단단하게 묶인 다섯 마리의 돼지가 조랑말의 궁둥이 밑에서 길길이 날뛰자 조랑말도 참지 못하고 이리저리 뛰어 마치 버펄로 빌(Buffalo Bill)[32]의 웨스트 와일드 쇼(West Wild Show)에 버금가는 난장판이 벌어졌다. 그러나 말 주인은 말을 잘 다루는 카우보이(cowboy)가 아니다. 말 주인은 말에 대한 특별한 재주를 전혀 보여 주지 못한 채 말 위 나무 의자로부터 총알처럼 튕겨져 나왔다. 순간 두루마기, 갓, 끈, 담배쌈지, 편자가 공중에 흩날렸다. 말 주인은 굴욕을 당하며 중력의 대가를 지불하고, 땅바닥에 처박혔다. 말 주인은 돼지를 혐오하는 유대인(Jew)이 돼버린 것이다. 그렇다고 이 장면을 지켜보는 사람들은 웃을 수가 없다. 말 주인이 얼마나 다쳤는지를 모를 일이기 때문이다. 그러나 그의 옷가지와 자존심이 화를 당했다 해도 주위 사람들은 웃음의 경련에 빠져들고 만다. 이 광경을 지켜봤던 필자 일행은 다음 주 동안 내내 이 사건이 떠오를 때마다 터져 나오는 웃음을 참을 수 없었다.

그날 밤 우리는 황해도 서흥(瑞興)이라는 고을에 도착했다. 이곳에서 생생한 기억 하나는 곤충학자들이 완곡하게 '사람벼룩(pulex irritans)'이라 부르는 해충이 엄청 많다는 사실이다. 북

---

32. 버펄로 빌(Buffalo Bill, 1846~1917)은 미국의 수렵가이자 흥행사다. 본명은 William F. Cody이다.

미 지역 인디언들이 각다귀(gnat)라 부르는 해충과 유사한 사람 벼룩은 깔따구, 즉 '볼 수 없는 벌레(no-see-ems)'라기 보다는 '잡을 수 없는 벌레(no-catch-ems)'라 부르는 것이 타당할 것이다. 서흥에서 평양까지는 약 70마일 정도 떨어져 있다. 이 지점부터 평양으로 가는 길은 여타 조선의 시골길과는 분위기가 완전히 다르다. 험준한 산악지대로부터 벗어나 굴곡진 평원이 계속된다. 물론 중국 평원처럼 쭉 뻗어 있지는 않다. 그러나 이곳의 광대한 평원은 조선의 일반 지형과는 현저한 대조를 이룬다. 끝이 보이지 않는 이곳 넓은 평원을 한반도 동쪽의 거대한 산맥의 지맥인 울퉁불퉁한 야산들이 가로지른다. 산림이 우거진 이곳 야산들은 호랑이들의 은신처로 잘 알려져 있다. 관아가 있는 봉산(鳳山) 고을은 바로 이 야산 아래 자리 잡고 있다. 거리를 배회하는 호랑이에 관한 이야기가 자주 회자되고 있다. 호랑이가 어린이들은 물론 어떤 때는 어른들도 낚아 채 산으로 물어간다는 이야기들이다. 3, 4년 전에 서울에 거주하는 한 영국인이 이곳 봉산에서 호랑이와 모험에 빠진 적이 있었다. 그가 한 주막에서 자고 있을 때 호랑이가 담을 넘어 부엌으로 사용되는 바깥채에서 자고 있던 개 한 마리를 잡아갔다. 호랑이가 여러 집에 들어가 사람들을 해치는 바람에 온 고을이 공포에 떨며 극심한 혼란에 빠졌다. 그러자 영국인이 연발 식 총을 집어 들었다. 호랑이를 쏠 기회도 몇 차례 왔다. 그러나 영국인은 실수로 고을 사람들을 다치게 할까 봐 총을 쏘지 않았다. 호랑이는 조선의 시골에서 현존하는 위협으로 존재한다. 조선의 어머니들은 자녀들에게 겁을 줄 때면 호랑이를 들먹인다. 조선에서 호랑이 잡는 덫을 놓는 것은 다반사다. 덫은 작은 오두막 형태로 통통한 나무로 만들며, 미닫이문을 설치한다. 산 돼지나 개를 미끼로 쓰며, 매우 효과가 있다. 한번은 주막집 주인이 메슥거리는 실내 공기를 피해 12월의 쌀쌀한 공기를 폐에 채우고자 방을 나서는 필자를 불러 세웠다. 그는 필자 손에 횃불을 건네면서 "이곳에서는 횃불 없이 밤에 문밖을 나갈 엄두를 못 냅니다. 특히 겨울에는 더 그러합니다."라고 말했다. 조선 평민들은 호랑이를 일종의 악령으로 여기며, 호랑이가 인간의 목소리를 낼 수 있다는 미신을 믿는다. 호랑이가 밤에 문 앞에 나타나 친구의 목소리를 흉내 내 주인을 밖으로 불러낸다는 등의 호랑이와 관련한 많은 전설이 전해지고 있다. 조선에서의 호랑이 사냥은 여타 나라에서처럼 매우 위험한 일이다. 그러나 조선의 호랑이 사냥꾼은 원시적인 오래된 낡은 화승총을 들고 다니기에 다른 나라에 비해 배는 더 위험하다. 사냥꾼은 화승총과 함께 긴 노끈을 팔에 묶고 다닌다. 노끈 끝에는 점화용 부싯깃이 준비돼 있다. 사냥꾼이 호랑이를 발견하면 부싯깃이 있는 노끈을 당겨 공이치기 끝으로 밀어 넣는다. 이어서 방아쇠를 당기면 약실의 화약에 닿는다. 얼마나 쓰기가 불편한지 상상이 갈 것이다. 한 조선인이 서양인이 쓰는 현대식 연발총이 작동하는 것을 보고 깜짝 놀랐다. 그는 사냥에서 조선의 총과 연발식 총의 차이를 설명하면서, "조선 사람 호랑이 사냥, 축, 축, 축 (장전할 때 나는 소리의 흉내)." "어흥[33](상처 입은 호랑이가 내는 소리의 흉내)." "죽은 사람 매우 좋지 않다."[34] "외국 사람 호랑이 사냥, 빵! 장전, 빵, 장전, 빵, 장전! 죽은 호랑이 매우 좋아요."라고 말한다. 조선에서의 사냥에 대해 여러 설이 존재한다. 일부는 사냥하기 좋은 곳이라 하고 일부는 그렇지 않다고 한다. 이렇게 의견이 갈릴 때는 보수적인 입장을 취하는 것이 상책이다. 그러나 필자의 견해로는 조선이 사냥하기에 좋은 곳이라 여긴다. 누군가 사냥감이 자신의 집 뒷마당에 나타나기를 원한다면 오랫동안 기다려야 할 것이다. 실제로 조선의 주된 길을 따라 장거리를 여행하여도 사냥감을 쉽게 발견하지 못할 것이다. 그러나 매일매일 사슴 가죽을 잔뜩 지고 서울로 가는 사람들을 발견할 수 있다. 필자는 한 번은 서울로부터 50마일 거리 내에서 아홉 마리의 사슴을 보았다. 또 한 번은 주된 길에서 한 발짝도 벗어나지 않았으나 100마리를 보았다. 그래서 사냥은 항상 방향과 위치가 중요하다. 서울에서 동쪽으로 한 이틀 동안 가다 보면 사냥하기에 좋은 곳이 많다. 덩치가 큰 멧돼지들도 만난다. 황소 등에 멧돼지를 얹어 서울의 동대문 쪽으로 오는 광경에서도

---

33. 어흥 원문은 'Wreough'이다.
34. 호랑이를 제대로 못 맞혀 거꾸로 사냥꾼이 죽는 광경을 묘사한 것으로 보인다.

알 수 있다. 조선의 멧돼지는 회색 가까운 색깔에 길고 무거운 털을 가지고 있다. 그렇다고 가정에서 기르는 돼지의 뻣뻣한 털이 아니다. 주둥이가 매우 길고, 엄니가 거대하다. 조선인들은 멧돼지가 호랑이보다 더 위험하다고 여긴다. 왜냐하면, 호랑이는 상처를 입었거나 죽을 지경으로 배가 고프지 않으면 사람을 공격하지 않지만, 멧돼지는 사람이 도발하지 않아도 보기만 하면 사람을 공격하기 때문이다. 조선에서도 인도나 알제리(Algeria)에서처럼 말을 타고 창으로 멧돼지를 잡는다. 멧돼지가 적지 않기 때문이다. 호랑이 사냥은 위태로운 놀이이다. 호랑이의 난폭성에서 오는 위험 때문이 아니다. 그런 위험도 적지 않지만 다른 면에서 위태롭다. 불확실하다는 표현이 더 맞을 것 같다. 조선 호랑이의 습관은 인도호랑이의 습관과는 사뭇 다르다. 조선에서 호랑이 사냥의 적절한 시기는 오직 겨울철뿐이다. 호랑이가 하루에도 장거리를 활보하기 때문이다. 겨울철에 조선 호랑이가 하루 50마일을 가는 것은 어려운 일이 아니다. 당신이 어느 곳에서 호랑이가 발견되었다는 이야기를 듣고 그곳에 달려가면 호랑이는 이미 100마일 너머에 있을 것이다. 오직 할 수 있는 일은 조선의 북쪽이나 동쪽의 산림지대로 가서 호랑이를 듣기 좋은 꿀꿀 소리를 내는 작은 돼지를 미끼로 써서 기회를 엿보는 것이다. 그런 연후에 호랑이가 돼지 소리 반경 내로 들어서면 호랑이를 맞닥뜨릴 가능성이 크다. 2년 전쯤 다섯 마리의 수호랑이가 한반도 동쪽의 원산 인근 빈터에서 만나 대단한 전쟁을 치렀다. 이 전쟁에서 어느 호랑이도 살아남지 못했다. 조선인들이 호랑이들을 원산으로 끌고 왔다. 그런데 호랑이들이 싸움에서 서로를 갈기갈기 물어뜯어 가죽이 쓸모없게 되었다. 참으로 흥미진진한 전투였는가 보다!

11월부터 3월까지 서울의 시장에는 멋진 금빛(golden) 꿩으로 가득하다. 겨울철에 서울에서 한 시간 거리만 가면 꿩을 한 가마니 가득 채우는 일은 쉬운 일이다. 지난겨울 바로 이곳 외국인 주거 지역에서 필자의 친구가 이웃집 지붕에 앉아 있는 꿩을 총으로 쏘아 잡기도 했다. 또 다른 지인은 서대문 밖에서 오후 한나절에 12마리의 수컷 꿩을 잡았다고 의기양양했다. 조선의 백조 사냥에 대해서도 이야기하고 싶다. 그러나 다음 글까지 기다리기 바란다.

7. 평양은 매우 전략적 도시일 뿐만 아니라 아름답기까지 해

-《재팬메일(The Japan Weekly Mail)》, 1891년 8월 29일-

　지난번 글에서 필자는 평양이 조선 역사에서 지니는 무게감에 대해, 그리고 '기자(箕子)'가 어떻게 조선 문명화의 출발점이 되었는지에 대해 약간 설명하였다. 이제 고대 로마가 현대 로마로 바뀐 것처럼 옛 평양과는 완전히 다른 오늘날의 평양을 알아보자. 필자 일행은 하루 종일 끝없는 평원을 가야 했다. 길고도 완만한 산마루를 지나자 또 다른 산마루가 나타났다. 길은 최근의 폭우로 인해 진창길로 변해 있었다. 진창길을 벗어나려면 지쳐 있는 조랑말들을 재촉할 수밖에 없었다. 고생고생하며 얼마를 더 가자 산마루 정상에 올랐다. 평야 너머로 강을 따라 솟아오른 야산 비탈에 아름답게 자리 잡은 유서 깊은 평양 시내가 눈에 들어왔다. 일행은 목적지인 평양을 바라보는 즐거움에 잠시 말에서 내렸다. 그러나 지평선 너머로 해가 떨어지기 전에 도성 문을 통과하기 위해 곧장 걸음을 옮겼다. 해가 지는 시각에 맞춰 성문이 닫히기 때문이다. 아직 평양까지는 몇 마일 더 가야 했다. 성곽 아래의 역사적인 대동강에 햇살이 비치자 명멸하는 물결이 필자 일행을 반기는 듯했다. 멀리 강둑 너머로 혹독한 전쟁터였던 시가지와 아치형 '대동문'이 위압적으로 다가왔다. 대동문은 몇 천 년을 도도하게 흐른 대동강에서 따온 이름이다. 평양의 지형은 조선의 어느 도시와도 비교될 수 없이 조화롭다고 알려지고 있다. 평양은 동북쪽에는 산, 북쪽에는 가파른 경사의 정상을 따라 세워진 성곽, 남쪽에는 거대한 강이 평양을 지켜주면서 오직 서쪽으로만 적이 공격을 할 수 있게 위치해 있다. 따라서 평양의 위치는 매우 전략적일 뿐만 아니라 아름답기까지 하다.

평양성벽에서 내려다 본 대동강.《대한제국의 종말》(1906)에서

우리는 멀리 대동강 목전에 펼쳐진 평야를 지나면서 오래된 버드나무가 늘어선 거리에 들어섰다. 버드나무는 기자조선 시대에 중국에서 건너왔다고 전해지고 있다. 육중한 몸통과 늘어진 버드나무 가지에서 나무들의 수령이 오래됐음을 짐작할 수 있다. 이는 기자(箕子)가 이 버드나무들을 심었다고 믿는 조선인들

의 순진함 이상을 의미한다. 조선 버드나무가 토종이 아니라는
점에서 이 버드나무들이 아주 오래전에 조선에 전해졌음은 충분
히 가능한 일이다. 중국학 학자들은 옛 중화(中華)[35]의 시인들이
그들의 시에서 버드나무를 얼마나 신성시하였는지를 잘 안다.
필자에게 시구 하나가 떠올랐다. 젊은 청년이 사랑하는 여인의
집 앞에 심어진 버드나무를 바라보며 시를 읊었다. 이를 영어로
옮기면 대략 다음과 같을 것이다:

> 버드나무 가지들이 금실처럼 너울거리네
> 심장이 쿵쿵대 꿈적할 수가 없네
> 오, 사랑의 상징 버드나무여
> 우리의 영혼을 하나로 묶어주게
> 영구불변의 단단함으로

  버드나무를 조선에 이식한 옛 중국 현인들의 정신세계에 시적
풍부함이 존재하고, 버드나무 가지를 주제로 그들이 천상의 시
인이 되었다고 상상하는 것은 기쁜 일이다. 버드나무에 대한 시
구절은 고대 현인들의 무덤과 맥을 같이 한다. 그들의 무덤은 화
려한 조선식 덮개 아래 정교하게 장식한 석물들로 구성되어 있

---

35. 원문은 'Flowery Kingdom'이다. '기자(箕子)' 이전 중국의 학문 전성기의 시인들
   을 말한 것으로 보인다.

다. 그들의 무덤은 잘 정비된 채 유지되고, 오늘날에도 몇 백 년 전 처음 만들어졌을 때처럼 우아하다.

1마일가량 대동강 둑을 따라가니 도시의 반대쪽 문에 다다랐다. 강을 건너갈 나룻배를 찾고자 건너 쪽 강둑을 세심히 바라보았다. 그러나 아무도 우리를 보지 못한 것 같다. 한참 동안을 온몸으로 소리 지른 후에야 뱃사공이 우리를 쳐다보았다. 마침내 뱃사공이 느릿느릿 배를 밀어내 우리 쪽을 향해 노를 저었다. 우리가 기다리며 서있는 쪽 강물이 매우 얕았다. 따라서 우리는 배를 댈 수 있는 지점 가까이까지 다가가서 용을 쓰며 근근이 조랑말들을 나룻배 안으로 밀어 넣었다. 이어서 잠시 뒤 우리는 도시의 성곽 밑에 도달했다. 그늘지고 어두컴컴한 성문을 통과하자 도심에서 통행금지를 알리는 종소리가 들려왔다. 동시에 문지기들이 성문을 닫으려 거대한 못이 박힌 철판 이중문 앞에 나타났다. 해가 저물었지만 평양 거리를 관찰하기에는 지장이 없었다. 거리의 구조가 서울과 유사하다는 인상을 받았다. 두 도시 모두 중심 거리는 동쪽에서 서쪽으로 나 있다. 또한, 남쪽 대문이 중심 거리를 만나는 지점에 거대한 종이 있다. 두 도시 모두 이곳을 종로(鐘路)라 부른다. 이곳에 주요 가게와 상인들이 밀집해 있다. 우리 일행은 평양 관아로 향했다. 좁은 거리를 힘겹게 지나 관아 대문 앞에 당도했다. 신분을 증명하는 서찰을 제시하자 관아에서 정중하게 우리들을 맞았다. 편안한 방을 제공하는 등 최대한의 안락함이 제공되었다. 우리는 곧장 평안도 관찰사가 거주하는 용문에 우리 일행의 도착을 알리는 서찰을 보냈다. 관찰사는 몇 달 전에 임명되어 이곳에 부임하였으며, 필자와도 아는 사이이다.[36] 이어서 인근 주막에서 밥상을 주문하여 저녁을 먹은 뒤 곧장 잠에 곯아떨어졌다. 오늘이 유난히도 힘든 하루였기 때문이다.

다음 날 아침 느지막하게 일어나니 마부가 달려와 말하기를 우리가 가져온 동전을 이곳에서 사용할 수 있는 동전으로 바꿔야 한다는 것이다. '엽전'이라 불리는 조선 동전은 1개에 1문 (文)[37]의 가치로서 예부터 사용되어 왔다. 그러나 조선의 수도인 서울을 중심으로 반경 100마일 안에서는 25년 전쯤부터 새로운 동전인 당오전(當五錢)을 사용한다.[38] 당오전은 엽전 5개 즉 5문의 가치로 사용되었다. 당초 당오전은 엽전 5개와 같은 크기, 같은 가치로 만들어졌으나 지난 10여 년 사이에 동전의 질이나 크기가 크게 악화되어 엽전 5개의 가치가 될 수 없었다. 실상은 처음 당오전이 나왔을 때는 엽전 6개를 받았다. 그러나 이후 당오전은 가치가 급락하여 지금은 엽전과 1대 1로 교환되고 있는 실

36. 당시 평안도 관찰사는 민병석(閔丙奭, 1858~1940)이었다. 민병석은 헐버트가 교사로 있던 '육영공원(育英公院)' 관리(辦理) 직 등 관료, 정치인으로 활동하다가 후일 친일파로 변신하였다.
37. '문(文)'은 '푼'과 같은 가치이다. '푼'은 1894년 이후 사용한 용어이다.
38. 당오전은 1883년부터 사용되었다. 따라서 25년 전은 오류이다.

정이다.

필자 일행은 다음날 아침 관찰사에게 예를 표하기 위해 10시까지 출발 준비를 마쳤다. 관찰사가 거처하는 용문까지는 상당한 거리였다. 용문이 관아로부터 반대쪽에 위치해 있기 때문이었다. 우리가 길을 걷자 서양인을 처음 보는 많은 사람들이 뒤를 따랐다. 조선인들은 일본인을 '왜인'이라 부른다. 곳곳에서 우리들을 '왜인'이라 부르는 소리가 들렸다. 조선의 지방 사람들은 중국인을 제외한 모든 외국인을 일본인과 같이 취급하기 때문이다. 평양 사람들은 일본인을 그리 좋아하지 않는다. 그들은 여타 조선인들에 비해 일본인에 대해 예부터 전해지는 원한에 더 매달리고 있는 듯했다. 아마도 몇 세기 전 일본이 조선을 침략했을 당시 평양 사람들을 거칠게 대했기 때문으로 보인다. 평양 사람들이 여타 조선인들보다 일본인에게 경어를 덜 쓰는 점에서도 알 수 있다.

우리는 관찰사의 관저 대문에 도착하여 서찰을 보냈다. 그러자 거대한 중앙 대문이 열리며 우리를 안으로 들어오게 했다. 그러나 방문자는 자신을 낮추고 상대방을 높여야 하는 조선 예절에 따라 우리는 대문이 아닌 다른 옆문을 열어 달라고 했다. 작은 문을 통과하자 큰 마당이 나왔으며, 마당 한 쪽 끝에 사랑채가 있었다. 사랑채에 들어서니 관찰사가 관리들에 둘러싸인 채 우리를 기다리고 있었다. 관찰사는 우리 일행을 매우 정중하고도 친절하게 대했다. 수인사를 한 후 우리는 서양식 의자에 앉아 담소를 나눴다. 관찰사는 먼저 우리가 들어올 때 왜 대문을 사용하지 않았느냐고 물었다. 우리는 약간 점잔을 떨며 조선에 5~6년이나 산 우리가 조선 예의범절의 가장 중요한 덕목을 무시할 줄 알았냐고 되물었다. 이어서 관찰사는 서울에서 멀리 평양까지 온 목적을 물으며 서울 돌아가는 소식도 궁금해했다. 우리는 두서없이 조선말로 열심히 대답했다. 관찰사는 다 알아들었다. 서양인을 거의 본 적이 없는 관리들이 우리가 조선말을 하자 깜짝 놀랐다. 그들은 우리가 서투르게 조선말을 발음할 때면 웃음을 터뜨리는 데에 주저하지 않았다. 맛있는 조선의 과자류와 과일을 먹은 후 우리는 자리를 떴다. 평양에 있는 동안 도움이 필요하면 다시 찾겠다는 말도 잊지 않았다.

8. 평양 사람들은 강직하며, 용감하며, 불의를 보고 참지 못하는 특별함을 지녔다.

-《재팬메일(The Japan Weekly Mail)》, 1891년 9월 12일-

지금까지 유서 깊은 고도 평양에 대해 어느 정도는 소개했다고 여긴다. 이제 평양의 사람, 그리고 여타 조선 지역과 다른 평양의 특징을 알아보려 한다. 조선인들의 얼굴을 보면 북쪽 지방 사람들과 남쪽 지방 사람들은 거의 다르지 않다. 차이가 있다면 북쪽 지방 사람들은 얼굴이 몽골족과 많이 닮았다는 점이다. 그러나 조선인들의 골상이 두 종류라는 점은 잘 알려진 사실이다. 한 쪽은 완전히 북방계의 얼굴로서 북쪽에서 내려왔다고 봐야 한다. 북방계는 얼굴이 넓고, 코가 평평하며, 광대뼈와 두꺼운 입술, 비스듬한 눈을 가졌다. 남방계는 보통의 얼굴이다. 눈은 일직선이고, 코는 로마인을 닮을 정도로 높고, 입술은 가는 편이다. 이들의 대체적 윤곽에서 몽골족의 모습을 찾기가 힘들다. 그러나 피부색은 그리 다르지 않다. 피부색은 기후, 생활습관에서 영향받기 때문이다. 오페르트(Oppert)는 그의 저술 중 거의 유일한 정확한 표현에서 조선인 얼굴이 두 종류라고 주장했다.[39] 이

---

39. 오페르트(Ernst Jacob Oppert, 1832~1903)는 독일계 유대 상인으로 상하이에서 활동하다가, 1866년 상선을 타고 충청도 조금진(調琴津)에 상륙하여 입국 교섭을 벌였으나 성사시키지 못했다. 그는 대원군의 양부 남연군(南延君)의 능묘 발

주장은 조선인의 기원을 추적해나가는 데에 디딤돌 역할을 할 것으로 본다. 조선의 역사와 전통은 조선인의 기원을 추적하는 데에 큰 도움을 주지 못하고 있다. 그러나 조선의 언어는 큰 도움을 줄 수 있다. 조선의 언어는, 조선인의 골상과 조선에 횡행하고 있는 귀신 숭배가 주는 단서들과 함께 적어도 조선인의 기원 연구의 기초 가설을 제공할 수 있다고 여긴다.

조선의 언어를 보자. 조선에는 지방간 사투리가 심하지 않다는 것이 적절한 표현일 것이다. 즉 조선에는 조금만 주의하면 다른 지방 사람들의 말을 알아듣기가 어려울 정도의 언어 차이가 존재하지 않는다. 정확히 말하면 조선에는 6개 정도의 사투리가 존재한다. 몇몇 예를 들어보면 서울에서 쓰이는 단어가 지방에서는 다르게 쓰이고 있다. 그러나 외국인이라 할지라도 몇 시간의 연습으로 지방 사람들의 말을 쉽게 알아들을 수 있다. 평양 사투리는 억양에서 누구나 동의할 수 있는 부드러움과 잘 구르는 특징을 지녔다. 이는 듣는 순간 문화적 수준과 세련미가 고상하다는 인상을 준다. 따라서 바로 친밀감을 느낄 수 있다. 남쪽 지방의 날카로운 치찰음과 거센 목쉰 소리가 평양에서는 누그러진다. 즉 '좋다(tchota)'를 '돟다(tota)'라 하고 '김(kim)'을 '짐

<hr />

굴 사건을 일으키기도 했으며, 후일 《금단의 나라 한국 기행(Ein Verschlossenes land: Reisen nach Korea)》을 출간하였다. 이 책이 영어로 번역되었으며, 책의 영어 제목은 《A Forbidden Land: Voyage to Korea》이다. 헐버트는 이 책이 조선에 대해 많은 왜곡을 했다고 보았다.

(tchim)'이라 한다. 조선에는 각 지방마다 방언이 존재한다. 조
선인들은 이를 '사투리'라 부른다. 서울 지역에 사는 사람들은
지방에서 올라온 사람이 말을 하면 곧바로 그 사람이 어디 출신
인지를 분간한다. 평양 말소리의 부드러움은 빼어나다. 이는 평
양 사람들을 조선의 여타 지방 사람들과 구별하는 요소와는 완
전히 반대되는 현상이다. 평양 사람들은 강직하며, 용감하며, 불
의를 보고 참지 못하는 특별함을 지녔다. 그들은 자신들의 요구
를 타인에게 인식시키고 자신들의 의견을 피력하는 것을 절대
두려워하지 않는다. 그들은 대담함과 열정이 필요한 일에 직면
할 때도 일을 수행하기를 꺼리지 않는다. 필자 일행이 평양에 도
착하기 며칠 전, 한 사업가가 특정 계층의 상인들의 경제에 영향
을 줄 수 있는 공공 거래를 시도했다. 시도된 거래는 누구나 공정
하다고 느낄만한 거래였다. 그러나 거래가 바로 결말지어졌다.
백 명이 넘는 상인들이 거래를 시도한 사업가 집으로 달려가 문
서를 작작 찢어 거리에 내버렸다. 그러한 일은, 극단적으로 분개
한 경우를 제외하고는 남쪽 지방에서는 절대 일어나지 않을 것
이다.

필자는 평양에 가기 전 여러 차례 평양 사람들을 화나게 하는
행동을 하지 말라는 충고를 들었다. 잘못하면 돌을 맞을 것이라
고도 했다. 물론 이 말은 의심 없이 과장된 말이다. 그렇지만 평
양 사람들이 돌 던지기 전문가라는, 결코 부럽지 않은 명성을 가

졌음은 사실이다. 필자는 평양 사람들이 무리를 이루어 우리 외국인 주위에 몰릴 때면 등에 작은 돌멩이가 꽂히는 느낌을 한두 번 받았다. 필자는 이를 적대적 행위가 아닌 여행 중 품위를 지키라는 경고로 받아들였다. 평양의 뚜렷한 특징 하나는 샘이 없다는 점이다. 평양 사람들은 평양 남쪽 성을 부딪치며 흐르는 강에서 물을 길어 식용수로 사용한다. 일견 강에서 물을 길어 오기가 불가능해 보인다. 특히 평양이 포위당해 성문 밖으로 나가기가 불가능할 때 더욱 그러하다. 그러나 평양 사람들이 강물을 길어 사용했음이 구전으로 전해지고 있다. 조선을 침략한 중국의 한 장수가 물 공급을 막아 평양을 함락시키려 했다. 그러자 한 평양 사람이 꾀를 내 평양을 지키는 수비대가 평양성에 올라가 물 대신 물고기 비늘로 목욕하는 모습을 보여 주게 하였다. 그러자 물고기 비늘의 반짝거림에 속은 중국 장수가 평양 함락 계획을 포기했다. 중국 장수는 물고기 비늘을 보고 평양성 안에 물이 많다고 판단하여 군영을 철수했다. 그리고는 중국으로 허겁지겁 돌아갔다고 한다. 조선인들의 지독한 보수주의를 보여 주는 사건도 있었다. 평양 사람들은 도심의 위치가 평평한 곳에서 가파른 언덕으로 옮겨졌는데도 단 하나의 샘도 파지 않았다고 한다. 그 결과 샘이 부족하고 물 나르는 사람과 동물이 대폭 늘어났다. 소들의 빽빽거리는 소리가 도심에 진동했다. 7만 명이 넘는 사람들에게 공급할 물을 강에서 길어 하나나 두 개의 문으로만 날랐다고 상상해 보자. 정력과 시간의 낭비가 엄청났을 것이다. 평양 사람들은 물을 구하기 위해 상당한 돈을 지불해야 했을 것이고, 그러다 보니 가능한 한 물을 아껴 썼을 것이다.

또 다른 평양의 특징은 아마도 평양이 한반도에서 가장 불유쾌한 도시라는 점이다. 필자의 경험으로도 이 말은 사실이다. 물을 나르는 사람들은 강으로 가서 긴 줄을 선다. 물속으로 몇 발을 들여놓고 물을 최대한 많이 긷는다. 그런데 4분의 1마일쯤 강을 타고 올라가면 돼지들이 강물에서 놀고 여인네들이 빨래를 한다.

조선시대 빨래터. 《대한제국의 종말》(1906)에서

그러나 물 나르는 사람들은 이에 전혀 개의치 않는다. 평양 사람들의 특이함이라고 밖에 말할 수 없다. 그러나 이러한 불유쾌한 구석이 있음에도 불구하고 평양 사람들은 조선에서 가장 만족하며 지내는 사람들일 것이다. 서양인들은 조선인들보다 훨씬 더 더럽게 사는 중국인들을 근면하다는 이유로 높이 평가하는 편이다. 마찬가지로 도시의 불결함에도 불구하고 평양은 외국인들에게 가장 강하게 매력을 끄는 도시이다. 바로 불굴의 투지와 근면성 때문이다. 농업 면에서 평양 지역은 조선의 평균 생산량보다 아래에 있다. 그러나 전체적으로 보면 이곳 사람들이 더 부자라고 알려져 있다. 남쪽 지방인 전라도가 곡창지대(Garden of Korea)로 불리나 북쪽 지방 사람들보다 가난하다고 여긴다.

조선에서 목격할 수 있는 외견상 가장 바쁘고 생기 있는 장면은 성벽에 서서 도시의 강변을 바라볼 때이다. 예를 들면 평양 지역은 조선 목재 산업의 중심지 중 한 곳이다. 내륙에서 채벌된 수천 개의 아름드리나무가 이곳에서 집을 짓거나 배를 만드는 목재로, 또는 상업용으로 가공된다. 가공 과정의 수많은 도끼질과 망치질, 날아다니는 나무토막, 목수의 흥에 겨운 노랫가락, 일상의 삶의 모습이 보는 이에게 말로 표현할 수 없는 매력으로 다가온다. 그런데 이러한 노동에 노래가 항상 따라다닌다. 일단의 남정네들이 지름이 3피트나 되는 나무를 끌어서 성문을 통해 도심으로 이동시킨다. 남정네들이 모든 근육이 뻣뻣해지며 무거운 밧줄에 묶인 나무를 끌 때마다 박자를 맞추며 울려 퍼지는 합창이 동반된다. 이 합창은 협동심을 불러일으키고 일에 대한 열정을 배가시킨다. 동양의 노동력을 줄여 주는 기계 문명이 발달되지 않은 나라에서는 박자를 갖춘 노래와 노동의 관계에 대한 질문이 흥미롭고도 중요한 요소로 떠오른다. 강가에는 연안을 오가는 큰 배들이 줄을 서 있다. 물론 이곳 강가는 배들의 정박지가 된다. 이곳에서는 또 수백 명의 여인네들이 빨래하는 광경을 볼 수 있다. 여인네들은 돌 위에 허리를 구부린 채 앉아 그들 앞에 놓인 부드러운 돌에 놓인 빨랫감을 육중한 방망이로 두들긴다. 여인네들은 대수롭지 않은 일상의 이야기로 서로들 계속하여 수다를 떤다. 수다거리가 퍽이나 많은 듯하다. 필자 일행은 높은 언덕을 올라 대동강이 내려다보이는 가파른 벼랑 끝에 다다랐다.[40]

우리가 서 있는 곳 바로 밑에서 짙은 청색 하늘이 대동강에 드리우고 미풍이 변덕스럽게 표면에 일렁일 때마다 짙푸른 강물이 요동친다. 도시 바로 위쪽에서 강물이 능수버들로 둘러싸인 멋진 섬을 끼고 갈라진다. 버드나무 가지가 길게 뻗어 아름다운 잔꽃가지와 함께 지면에 입맞춤을 하고 있다. 강물을 내려다보자 기이한 모양새를 한 배들이 섬 끝을 돌아 도심 쪽으로 향하고 있다. 필자는 실례를 불구하고 "이렇게 기이하고 우스꽝스러운 배가 세상 어디에 있단 말인가?"라고 소리쳤다. 배들은 각기 길이 30피트, 너비 7피트 정도로 보였다. 뱃전은 강물로부터 12인치 정도 높았다. 뱃머리는 뱃전보다 약간 높았으며, 선미는 강물에서 5피트 정도 높았다. 배 중간 지점에 15~20피트 정도 높이의

40. 모란봉을 말하는 것으로 보인다.

돛이 솟아 있고, 돛 꼭대기에서 선미까지 좁다란 널판자가 매달려 있다. 널판자 끝의 돛대 꼭대기에서 선장이 양발을 꼰 채 조종간 손잡이를 잡고 있었다. 조종간과 손잡이는 일체를 이루며 전체적으로 30피트나 되는 커다란 도구였다. 우리는 이 광경을 보며 의문이 떠올랐다. 왜 선장이 그리 높은 곳에 위치해 있는가? 우리를 돕는 조선인이 답했다. 이 배들은 관목이나 덤불을 강 하구로 나르기 위해 만들어졌다고 한다. 그리하면 높은 곳에 위치한 선장이 배에 부피가 큰 물건을 실었을 때에도 앞을 보는 데에 지장 없이 운전할 수 있다는 것이다. 뱃머리에 앉아 있는 두 사내가 배에 시동을 걸고, 서양에서와 같은 방식으로 운전하였다.

우리는 관아로 돌아와 짐을 주막으로 옮겼다. 며칠을 묵을 예정이고, 주막이 매우 편리하기 때문이었다. 저녁이 오자 관찰사의 관저에서 집사가 왔다. 몇 명의 일꾼들이 따라오며 사과, 복숭아, 달걀, 밤이 담긴 바구니들을 지고 왔다. 닭도 몇 마리 보내 왔다. 관찰사의 인사말도 빠지지 않았다. 우리도 답신을 보내 관찰사에게 고맙다는 감사를 표했다. 그리고는 내일 동이 트면 유서 깊은 평양의 유적지를 돌아보고 아직도 잔존하는 유물들을 관찰한다는 희망에 부풀며 잠에 곯아떨어졌다.

9. 바빌론(Babylon)만큼이나 유서 깊은 도시 평양의 흔적에서 오늘날 아메리카(America) 평원에 새롭게 조성된 신도시가 보여 주는 정연함이 연상돼

-《재팬메일(The Japan Weekly Mail)》, 1891년 10월 10일-

평양을 방문하는 사람은 누구나 3천 년이 넘는 역사를 지닌 평양의 옛 영화의 자취를 보고 싶어 할 것이다. 그러나 평양이 이미 천이백 년도 더 전에 조선의 수도가 아니었기에 평양 전성기의 많은 흔적을 볼 수 있다는 희망은 접어야 한다. 더욱이 조선인들은 조상의 묘 말고는 옛 영광의 유적지를 보존하는 데에 매우 소홀하다는 사실도 염두에 둬야 한다. 그러면서도 우리는 평양이 기원전 1122년부터 기원후 625년까지의 기간에 남긴 아주 소소한 흔적이라도 보아야겠다는 유혹을 떨칠 수가 없었다. 이 기간은 역사적으로 중요하고도 강력한 시기로서 조선이 중국의 침공을 무찌른 적이 한두 번이 아니었다.

오늘날의 평양 사람 중 고대 평양의 터를 확인할 수 없을 만큼 무지한 사람은 아무도 없다. 도시의 서쪽 대문을 나서면 바로 둑을 관통하는 길을 만난다. 이 둑이 원래 평양의 외곽 성벽 잔해물이다. 옛적에는 성벽 안쪽에 거점이라 할 수 있는 공간이 있었고, 그곳에 궁궐과 고위 관리 및 학자들의 집이 있었다. 이곳 바깥쪽에는 매우 큰 공간을 에워싸는 외곽 성벽이 있다. 성벽을 사이에 두고 외곽 쪽 넓은 터에서 백성들이 농작물을 재배하며 살았다고 한다. 외곽 성벽은 원래 계획하지 않았다가 북방 오랑캐의 침략으로부터 백성을 보호하기 위해 건설된 일종의 추가 방위 성벽이었다. 북방 오랑캐들은 툭하면 산악 은거지에서 계곡을 타고 내려와 평양을 쓸어버리곤 했다. 이곳 성벽 사이 외곽 터에 사는 백성들을 '외성 사람'[41]이라 불렀다. 물론 성벽 안쪽과 대비해서 붙여진 이름이다. 옛 평양 터 근처에 오늘날에도 '외성'이라 부르는 사람들이 살고 있다는 사실은 매우 흥미롭다. 오늘날 그들은 천대받고 있으며, 실제로 관직에 나갈 수도 없다. 그들은 또 평양 도심에는 살 수 없다. 그러나 그들의 용모는 평양 사람들과 다를 바 없다. 그들 중 많은 이들은 부유하기도 하다. 그러나 기가 죽어 있는 듯하다. 평양에서 '외성'은 일종의 수치스러운 이름이다. 인근의 아무도 이곳 외성 사람들과 혼인하려 하지 않는다. 여기에 아직도 해결되지 않은 매우 흥미로운 문제가 대두한다. 이곳 외성 사람들이 원래의 외성 사람들의 후예라는 말이 가능할까? 외성의 정체성을 그리 오랫동안 유지할 수 있었을까? 아마도 평양이 함락되고 도시가 새로운 정착민들에 의해 바뀌었을 때 이곳 외성 사람들은 원래 삶의 터를 고집하면서 새로운 정

---

41. 원문은 'Ouay Song'이다. '외성 사람'을 뜻했다고 보았다. 아마도 헐버트는 당시 사람 취급받지 못하던 천민들이 집단으로 살고 있는 어느 지역을 말한 것으로 보인다.

착민들과 동화한 비슷한 계층의 백성들로부터도 배제되었다고 볼 수밖에 없다. 이러한 해석은, 만약 외성 사람들이 그곳에 원래부터 자리 잡고 있었다면 외성 사람들의 오늘날까지의 영속성을 설명하기에 충분하다. 물론 이는 모두 가설이지만 말이다. 이 가설이 사실이건 아니건 간에 이들 성벽 외곽 씨족들에 대한 완전한 연구만이 평양의 고대 역사에 대한 흥미로움이 새롭게 조명될 수 있을 것이다. 외성 사람들은 평양 사람들보다 매우 사납고 매우 쉽게 분노한다고 한다. 우리도 외성 사람들에게 다가가는 것은 매우 위험하다고 여러 번 경고를 받았다. 그러나 '긴소'[42]가 있는 한 우리는 안전하다.

이제 바빌론(Babylon)만큼이나 유서 깊은 도시 평양의 흔적에 대해 더 알아보자. 우리 일행이 고대 외곽 성벽 터를 의미하는 높이 솟은 흙무덤 사이를 통과하자 비교적 편편한 평원이 나왔다. 평원 중앙으로 향하는 굽이치는 길을 따라갔다. 그러나 안쪽 성벽이나 거점의 흔적은 발견하지 못했다. 침략자들이 외곽 성벽보다는 안쪽 성벽을 더 완전하게 박살 냈을 것이기에, 오늘날 외곽 성벽의 잔재만이 남아 있다고 여긴다. 그런데 바로 우리가 옛 평양의 중심에 서 있다는 사실이다. 넓은 일직선의 도로가 이곳 중앙에 자리하였음이 명백해 보인다. 중앙 도로로부터 일정한 간격을 두고 옆으로 뻗친 샛길들의 잔재도 확인할 수 있

---

42. 원문은 'Kinso'이다. '긴소'는 요즈음의 경호원을 뜻하는 명칭으로 보인다.

다. 거리 전체가, 집들이 혼재한 현대 도시들을 비웃듯 규칙적이고도 정연하게 조성되었음을 보여 주고 있다. 오늘날 아메리카 (America) 평원에 새롭게 조성된 신도시가 보여 주는 정연함이 연상된다. 그러나 이곳에 이렇다 할 집들은 남아 있지 않다. 외성 사람들은 오늘날까지도, 옛적에 오랫동안 존속했던 그들에게는 금지된 땅에 집을 짓는 일을 피하는 것 같다. 대신 그들은 그곳에서 경작하기를 주저하지 않았기에 옛 평양 터가 농작물 재배지가 되어 오늘날 평양 사람들에게 야채를 공급하고 있다.

이곳 역사의 도시 평양의 땅을 파헤친다면 어떤 유물이 발견될지 누가 알겠는가? 그러나 평양을 탐사하려면 수년이 걸릴지 모른다. 조선인들은 유적지를 파헤치는 것에 매우 민감하다. 특히 지방 사람들이 더 심하다. 이점은 조선 전체에서 땅 탐사의 큰 장애물이다. 광산 개발을 목적으로 땅을 파헤치려 해도 안전을 위해 군병을 배치해야 한다. 조선인들의 이러한 땅 탐사에 대한 심한 거부는 특히 하류층에서 만연하고 있는 악령숭배의 직접적인 결과물이라고 여긴다. 그들은 땅 밑을 악귀의 세상으로 보며, 악령 도깨비 같은 악귀가 땅 밑의 소유주라고 믿고 있다. 또한, 악귀가 자신들의 특권을 침해하는 모든 행위에 대해 어떻게든 인간들에게 각종 역병을 불어넣어 복수를 한다고 여긴다. 순진한 지방 사람들이 그들의 인근 지역에서 금이나 광물을 캐려는 사람들에게 어떻게 집단으로 봉기하였는지에 대한 여러 이야기가 전해지고 있다. 조정의 허가 아래 비교적 오래전부터 채굴 작업이 시작됐는데도 종사자들이 지역민들에 의해 위해를 당한 적이 여러 번 있었다고 한다.

오늘날의 숭인전의 모습. 1977년에 길 건너편에서 옮겨놓았다고 한다.
(출처 : 조선향토대백과)

필자 일행은 관아로 돌아와 평양의 건설자라고 할 수 있는 기자(箕子)의 무덤이 어디에 있는지를 물었다. 일행은 평양 북쪽 대문 밖의 외딴곳에 안내되었다. 당대 특출한 학자이자 경세가였던 기자의 안식처라는 표식을 한 단출하지만 알찬 구조물을 만났다.[43] 기자는 담대한 모험가 기질을 가진 사람이다. 충성심

43. '기자(箕子)'를 제사 지내는 사당인 '숭인전(崇仁殿)'을 말하는 것으로 보인다. 당시 숭인전의 책임자는 후일 대한민국 임시정부 2대 대통령을 지낸 박은식(朴殷植)이었다(《유학자 겸곡 박은식》, 도서출판 이조, 2021, 61쪽). 당시 두 사람이 만났는지 또 만나서 어떤 인

이 대단하여 그와 왕관을 탈취한 자 두 사람 다를 포용하기에는 중국이 너무 작았다. 기자는 세계에 전혀 알려지지 않은 몇 개의 야만 부족들이 살던 나라에서 역사가 기록한 것 중 가장 위대한 이주민 정착촌을 건설했다. 야만 부족들을 모아 별다른 전쟁을 치르지 않고 오늘날의 일본 제국보다 더 큰 제국을 건설하였다. 이 야만 부족들에게 중국의 문명, 학문, 예술을 견고하고도 정밀하게 주입시켰다. 그리하여 오늘날의 조선은 문명의 출발점을 기자가 중국에서 넘어온 시점으로 인식한다. 기자는 각양각색의 중국 역사가 배출한 어떤 인물보다도 배나 더 오래 살며 왕조를 건설했다. 그가 생존하던 시기와 그 이후 몇 세기를 걸치는 동안, 전쟁에서 공을 세운 인물 말고는 그 누가 기자만큼 역사에서 높은 명성을 떨쳤단 말인가? 심지어 성서를 보아도 동시대에서 전공을 세운 인물 말고는 기자와 필적할만한 인물이 없다. 동시대 역사에서 기자는 누구보다 특출한 인물이었다. 이것이 기자의 무덤을 보고 갖게 된 느낌이다. 기자는 알프레드[44]와 잉글랜드의 관계보다, 워싱턴[45]과 아메리카의 관계보다, 샤를마뉴[46]와 프랑

사를 나눴는지는 기록이 남아 있지 않다. 박은식은 헐버트가 한성사범학교 책임자로 있을 때인 1900년 초 한성사범학교에 교관으로 부임했다. 박은식은 1920년 저술한 그의 저서 《한국독립운동지혈사》 〈세계여론〉 편 첫 번째 글로 헐버트의 글을 소개하기도 했다.

44. 바이킹의 침입을 막아 낸 알프레드(the Great Alfred, 849~899) 대왕을 말하는 것으로 보인다.

45. 미국 초대 대통령 워싱턴(George Washington, 1732~1799)을 말하는 것으로 보인다.

46. 서로마제국 황제였던 샤를마뉴(Charlemagne, 742~814)를 말하는 것으로 보인다.

스의 관계보다, 가리발디[47]와 이탈리아의 관계보다 더 중요하게 조선에 영향을 끼친 인물이라고 여긴다. 우리는 무덤을 떠나면서 기자의 명복을 빌었다.

구불구불한 거리를 지나 주막에 돌아온 우리는 또 다른 평양의 특징에 깜짝 놀랐다. 평양 사람들이 엄청난 양의 고기를 먹고 있다는 사실이다. 조선의 여타 지방에서는 고기가 매우 귀한 음식이다. 그러나 평양은 그렇지 않았다. 중앙 거리를 통과할 때면 몇 발짝만 움직여도 고기 가게가 다시 나타나곤 했다. 소와 돼지가 바로 거리에서 도살되기도 한다. 사람들이 한 움큼의 엽전을 들고 사방에서 몰려와 아직도 뜨끈뜨끈한 고기 살점을 사들고 집으로 달려간다. 따끈한 피 냄새가 거리 곳곳에 진동하며 평양을 가장 불유쾌한 냄새의 도시로 만든다. 이러한 도시에 온 것도 팔자라는 느낌이다. 조선 지방도시의 냄새에 익숙한 사람일지라도 평양의 메스꺼움은 이겨내지 못할 듯싶다. 평양에서 가장 유쾌한 노상 판매인은 옥수수를 파는 여인네들이다. 밤에 접어들면 거리 구석구석에서 여인네들이 두꺼운 천으로 덮은 커다란 바구니를 앞에 놓고 앉아 있는 장면을 목격할 수 있다. 천 밑에서 김이 모락모락 올라온다. 가까이 다가가면 식욕을 돋는 향기가 여인네가 풋 강냉이를 쪄서 팔고 있음을 말해 준다. 어린아이

---

47. 이탈리아 통일에 공헌한 가리발디(Garibaldi, 1807~1882) 장군을 말하는 것으로 보인다.

들이 달려와 조선 엽전을 여인네 손에 건넨다. 여인네가 조심스
럽게 천 끝을 들어 올리면 잎사귀 달린 꽤 큰 옥수수가 드러난다.
노란 옥수수는 서양인 입맛에는 너무 숙성한 느낌을 준다. 하지
만 조선 아이들은 노란 옥수수 중 가장 큰 것을 골라 기쁨에 겨워
뛰어간다. 마치 서양 아이들이 봉봉 사탕과자를 들고 뛰는 모습
이다. 조선인들이 옥수수를 조리하지 않는 점은 흥미롭다. 그들
은 옥수수를 갈아서 먹지 않으며 동물에게도 먹이지 않는다. 대
신에 옥수수를 쪄서 과자류를 팔 듯 거리에서 판다. 조선에서 옥
수수는 풍부하게 생산된다. 옥수수 줄기마다 네 개에서 일곱 개
의 옥수수가 달려 있다. 식용으로 쓰고, 팔기도 한다. 한편, 조선
에서 가장 질 좋은 사과는 이곳 평양 인근에서 생산된다. 조선 북
쪽 지역의 온도가 사과 생산에 매우 적합하기 때문이다. 상대적
으로 따뜻한 남쪽의 기후는 사과 생산에 그리 적합하지 않다.

10. 한반도 서쪽에서 평양을 먼저 개방하고, 곧바로 참으로 아름다운 목포(木浦), 압록강 어귀의 의주(義州)를 개방하여 조선 경제를 일으켜야

-《재팬메일(The Japan Weekly Mail)》, 1891년 10월 24일-

이번에는 평양의 상업적 중요성에 대해 간단히 살펴보고자 한다. 조선 지도를 보면 조선의 생산지대는 남부와 서쪽 지역이 중심이라고 알려 준다. 한반도를 남북으로 잇는 거대한 백두대간[48]이 동쪽 지역에서 분기점을 형성한다. 이 분기점에서 동쪽으로 흐르는 강들은 짧지만 빠르게 흐른다. 그러나 서쪽으로 향하는 강들은 길고 항행이 가능하다. 백두대간의 위치를 보아도 조선의 거대한 생산지대는 서쪽에 놓여 있음을 알 수 있다. 정확히 말하면 조선 경작지의 6분의 5는 거대한 백두대간의 서쪽에 있다. 또 다른 주목할 점은 서쪽 지대에서 생산된 생산품을 판매할 수 있는 시설물이다. 강을 이용할 수 있다면 생산품을 산을 타고 동해[49] 쪽으로 운반하는 것보다 강을 통해 서해 쪽으로 운반하는 편이 훨씬 쉽다. 지리적으로 동해 쪽에 가까운 지역에서도 강을

---

48. 원문은 "the great mountain range'이다. 헐버트가 앞에서 백두대간을 언급하였기에 그리 보았다.
49. 원문은 'Japan Sea(일본해)'이다. 헐버트는 당시 미국 지리책에 나오는 대로 표기하였다.

통해 운반하는 편이 나을 것이다. 또한, 대부분의 생산품이 서쪽에서 생산될 뿐만 아니라 과반이 훨씬 넘는 인구가 서쪽에 산다. 따라서 조선의 상업 역시 이러한 환경의 영향 아래 발전되고 있다. 백두대간의 위치는 조선 역사 및 인구분포와 광범위한 관련이 있다. 한반도는 서쪽으로 중국을 향해 열려 있다. 그러나 백두대간은 일본과 교류하는 데에 항상 장애물로 작용해 왔으며, 3천 년 동안 조선의 남동쪽 일부만이 일본과 연결하는 접점이었다. 만약 백두대간이 서쪽으로 형성되었다면 조선 역사는 엄청나게 달라졌을지 모른다. 다음으로 관심을 끄는 것은 조선이 개방한 항구 세 곳 중 오직 한 항구만 서쪽에 있다는 사실이다.[50] 부산은 경상도 생산품을 대외적으로 교류할 수 있는 창구이다. 경상도 내륙 지방 생산품이 낙동강 수로를 통해 운반될 수 있기 때문이다. 전라도의 잉여 생산품도 부산으로 운반할 수 있는 길이 있으나 비용이 많이 들 것이 틀림없다.

한반도 서쪽에서 유일하게 개방된 항구는 일본인들이 '진센(Jinsen)'이라고 부르는 제물포이다. 조선 지도를 자세히 보면 제물포는 조선 서해안의 중간 지점 약간 못 미쳐 위치해 있다. 이는 한반도 서쪽의 잉여 생산품은 제물포 항구 하나로만 처분해야 하고, 그렇지 못하면 농산품을 썩혀야 한다는 뜻이다. 그런데 조선 같은 환경에서는 운반비가 엄청나다는 사실이다. 농산물

---

50. 조선이 개방한 세 항구는 부산, 제물포, 원산을 말한다.

가격은 매 300마일을 운반할 때마다 배로 뛴다. 이 말은 쌀 한 가마니를 300마일 멀리 떨어진 곳에서 판매하려면 또 다른 쌀 한 가마니가 필요하다는 뜻이다. 여기에서 질문이 생긴다. 왜 한반도 서쪽에 더 많은 항구를 개방하지 않는가? 평양의 개방은 오랫동안 논의돼 왔다. 개방하기로 거의 의견이 모아지기도 했다. 그러나 결국 논의가 깨지고 아직도 평양은 개방이 되지 못하고 있다. 평양이 개항에 적절한 이유 몇 가지를 살펴보자. 첫째로 수지가 맞는 교역을 넓힐 수 있는 광활한 경작지가 존재한다는 점이다. 평안도는 조선에서 가장 큰 도 중 하나며, 생산품이 가장 다양한 지방이기도 하다. 특히 조선에서 가장 양질의 콩 생산지이다. 조선의 교역 보고서를 보면 콩이 조선 수출의 근간이다. 그러나 현재 어떻게 농민들이 그들의 콩을 불안하기 짝이 없는 돛단배로 평양에서 제물포로 보낼 수 있단 말인가? 또한, 그 많은 횟수를 오가는 운반비는 어떻게 감당할 것인가? 따라서 평양에서 제물포로 콩을 운반하는 것은 불가능하다고 봐야 한다. 평양 바로 밑에 황해도가 있다. 황해도는 조선의 곡창지대라 불리는 조선 남쪽 지역만큼 부자 지방이다. 지도를 보면 황해도 생산품의 교역 방향이 자연스레 대동강 어귀로 향하고 있다. 따라서 평양의 개방은 방대한 생산품의 출구가 될 수 있을 뿐만 아니라 농민들에게 농산품 생산을 촉진하는 자극제가 될 수 있다. 쉽게 출하할 수 있는 안정된 시장이 존재하고 연안 돛단배 운항에서 오는 위험이 없다는 점은 조선 북쪽의 거대한 휴경지를 개간하여 콩 등 농작물을 생산하고픈 충동을 불러일으킬 것이다. 더 나아가 목재산업을 일으키는 계기로도 작용할 수 있다. 현재 서울에서 16피트짜리 재목이 7~12달러에 거래된다. 그러나 서울에서 200마일 남짓한 곳에 위치한 거대한 삼림이 벌목공들의 도끼를 기다리고 있다. 한반도 동쪽의 원산항에 모인 대부분의 재목들이 한반도를 횡으로 가로질러 평양으로 운반되기를 기다리고 있으며, 외국인들이 이 재목들에 눈독을 들이고 있다는 사실은 이미 잘 알려져 있다. 토착 물품을 쓰기보다 적정 가격의 8~10퍼센트를 더 주고라도 타지 상품을 구매하려는 욕구에 대해 우리는 어떻게 대응해야 하나? 조선 북쪽에는 거대한 부의 잠재력이 존재한다. 대체적으로 북쪽 사람들이 남쪽 사람들보다 더 알뜰하고 더 활기차다. 게다가 조선 북쪽은 상업적으로 개발될 여지가 엄청난 지방이다.

이제 조선의 광물에 대해 알아보자. 풍부한 금은 말할 것도 없고 평양에서 3마일여 떨어진 지점에 대량의 무연탄이 매장되어 있다. 이곳 석탄은 맨땅에 뎅그러니 쌓여 있으며, 석탄의 질 역시 두말할 필요 없이 뛰어나다. 석탄이 탈 때 연기가 나지 않고 불꽃만 보이는 완벽한 양질의 석탄으로도 정평이 나 있다. 서울에서는 난방용 땔감으로 일본에서 사용하는 보통 유연탄보다 평양

산 석탄가루에 진흙을 입힌 탄을 선호한다.[51] 그동안 평양의 개방은 청나라 동북부 항구 도시 뉴좡(牛莊)[52]의 교역에 타격을 줄 것으로 회자되었다. 이러한 주장의 적절성은 차치하고, 타국의 항구를 돕기 위해 자국의 항구를 개방하지 않는 것이 조선의 의무는 아니기에 이러한 말이 어떻게 지지되는지 지켜보자. 여름이면 뉴좡과 조선 국경 간 길의 통행이 불가능하고, 이곳 지역의 겨울 추위는 북극처럼 극심하고, 뉴좡과 평양 간 육로 수송 거리가 평양과 부산 거리보다 길다는 점을 인정할 때, 우리는 평양과 뉴좡에 들어온 상품들이 하나의 시장을 위해 서로 경쟁할 수 없다는 사실을 쉽게 인식할 수 있을 것이다. 왜냐하면, 둘 사이에는 국가 간 경계가 존재하며, 경계가 있는 한 법적 허가 없이 상품들이 운반될 수 없기 때문이다. 또한, 평양의 개방이 뉴좡의 교역을 저해한다는 주장을 고수하려면 먼저 두 도시 간에 있었던 해상 교역을 참고해야 한다. 해상 교역은 뉴좡에 도착한 상품이나 뉴좡의 토착 상품들이 청나라 배로 평양으로 운반되어 판매된다는 뜻이다. 그러나 조선의 세관 규정에 따르면 평양에 도착하는 모든 상품은 제물포에서 세관을 통과한 연후에 평양으로 운반해야

---

51. 헐버트는 회고록(《Echoes of the Orient》)에서 1890년 평양 방문 때 석탄 소량을 가져와 시험해 보니 질이 너무 좋아 이후 300톤을 들여와 그해 겨울 서울의 외국인들이 연료로 썼다고 밝혔다.

52. 뉴좡(Newchwang, 牛莊)은 중국 랴오닝성(遼寧省) 남부에 위치한 항구 도시로 청나라 동북부 지역의 경제, 문화, 교육 중심지 역할을 하였다. 오늘날의 잉커우(營口)를 말한다.

한다. 만약 뉴좡과 평양 간 교역이 공정하게 이뤄진다면, 뉴좡에서 제물포로 다시 제물포에서 평양으로 운반하는 것보다 뉴좡에서 평양으로 직접 운반하는 것이 뉴좡 교역에 저해 요인으로 작용한다는 가설은 터무니없다. 그러나 두 항구 사이에 부당한 교역이 존재한다면 평양을 개방하지 않는 것이 명백히 뉴좡에 이익이 될 것이다. 만약 두 도시 사이에 불법 교역이 존재한다면 당연히 징수해야 할 조선 조정의 세수가 사라지고, 상품가격에서 관세를 지급하는 여타 상인들, 특히 일본 상인들을 엄청나게 불리한 처지에 놓이게 할 것이다.

한반도 북부와 중국 랴오닝성 일대(잉커우는 뉴좡의 오늘날 이름이다.)

조선과 인접국 간의 큰 차이 하나는 면적과 땅의 비옥함에 비례하여 조선은 청나라나 일본보다 훨씬 적은 인구를 먹여 살려도 된다는 점이다. 그러다 보니 조선은 면적과 비례하여 농산물과 광물에서 훨씬 더 많은 잉여 물자를 생산한다. 따라서 만약 개방이 조선의 모든 경작지에서 생산되는 품목에까지 주어진다면 조선의 교역 수지가 대폭 개선될 것은 자명하다. 이러한 주장은 1891년 9월 5일 자 《재팬메일(The Japan Weekly Mail)》에 실린 조선의 교역 통계에 근거하였다. 교역 통계를 보면 조선은 1886년에 수출과 수입이 6대 30의 비중으로 수입초과를 보였다. 그러나 1887년에는 8.5대 30으로 수출 비중이 약간 늘어났다. 이어서 1888년에는 9대 30, 1889년에는 10대 30, 1890년에는 22대 30을 기록했다. 지난 5년 동안의 교역 기록에서 조선의 수출 비중이 꾸준하고도 급속하게 늘고 있음을 알 수 있다. 이러한 추세는 조선이 교역 수지에서 수출초과를 보일 가능성을 높여 주고 있다. 더욱이 대재앙을 불러오는 대홍수와 이보다 더 타격을 주는 가뭄을 견뎌내고 있는 조선은 이웃나라가 기근에 시달릴 때 조선을 의지할 수 있는 나라로 만든다. 이러한 현상은 지난해에 일본이 보여 주었다. 지난해 일본은 수백만 달러치의 쌀을 조선에서 들여왔다. 청나라 북쪽에서도 같은 일이 있었다. 조선은 청나라가 기근에 처했을 때 대량의 콩을 수출하여 청나라 백성을 기근에서 구제했다.

세계지도를 보면 북쪽 양 극단에 두 개의 섬나라 일본과 영국이 있음을 알 수 있다. 대영제국이 서양 세계의 방대한 물자 수송을 통해 해양강국이 되었듯이 동양에서는 일본이 해양강국이 될 여지가 크다. 일본은 현재 국내적으로는 강력하게 제조업을 확장하면서 동시에 점진적으로 동양의 물자 수송에 손을 뻗치고 있다. 결국 일본은 영국처럼 농산품과 제조업 용 원자재 확보를 위해 더욱 광범위하게 해외로 눈을 돌리지 않을 수 없다. 분명한 것은 일본은 자신들의 먹거리를 위해 강하게 조선 진출을 시도할 것이다. 결국 일본은 자신들의 이익을 위해 반도 왕국 조선에 항구 개방을 권고할 것이고, 이는 상호에게 이익을 가져다줄 것이다. 왜냐하면, 항구의 개방은 각 나라가 필요한 외국산 물품을 싸게 구입하는 역할을 제공하기 때문이다. 이는 또 일본 제조업에 시장을 넓혀 주고 먹거리의 꾸준한 공급을 보장할 것이다. 항구 개방을 요구하게 될 첫 번째이자 최우선 도시는 평양이다. 곧바로 남서해안의 전라도에 위치하고 육지에 둘러싸인, 참으로 아름다운 목포(木浦)가 두 번째 개항 후보가 될 것이다. 이어서 압록강 어귀의 평안도 의주(義州)가 뒤따를 것으로 본다.

호머 헐버트(Homer B. Hulbert)

헐버트는 그가 소원한
서울 마포구 양화진 한강변에 잠들어 있다.

헐버트Homer Bezaleel Hulbert의 일생

한자 이름 : 訖法, 紇法, 轄甫 등으로 쓰였다.

1863. 1. 26 미국 버몬트Vermont주 뉴헤이븐New Haven
에서 목사이자 미들베리대학Middlebury
College 총장이었던 아버지 캘빈 헐버트(Calvin
B. Hulbert)와 다트머스대학Dartmouth
College 창립자 후손인 어머니 매리(원명: Mary
E. Woodward)의 둘째 아들로 태어남

1884.	다트머스대학 졸업, 유니언신학대학Union Theological Seminary 입학. 2년 수학 후 조선에 가기 위해 학교를 그만둠
1886. 7. 5	'육영공원育英公院' 교사가 되기 위해 조선 제물포에 도착
1887.	다트머스대학으로부터 Artium Magister(문학박사를 뜻함) 받음
1888. 9. 18	메이 한나May B. Hanna와 뉴욕에서 결혼
1889.	조선 말글의 우수성에 대한 최초의 글 〈조선어 The Korean Language〉를 《뉴욕트리뷴New York Tribune》에 기고
1891. 1.	최초의 교과서이자 최초의 한글 교과서 《사민필지》출간
12.	육영공원 사직, 미국으로 귀환
1892.	'풋남군사학교Putnam Military Academy' (Zanesville, Ohio) 교장
1893. 7.	시카고에서 열린 '컬럼비아국제설화학술회의 The International Folk-Lore Congress of World's Columbian Exposition'에서 조선의 설화, 민담 소개
10.	감리교 선교사로 재내한. 배재학당 삼문출판사

Trilingual Press 책임자, 동대문교회 담임목사

1895.   《조선소식The Korean Repository》운영 책임
자/공동 편집인

명성황후시해사건 직후 언더우드Horace G.
Under-wood, 에 비슨Oliver R. Avison 등과 함
께 고종의 침전에서 불침번을 섬

1896.   구전의 아리랑에 역사상 최초로 서양 음계를 붙임
서재필의 《독립신문》 창간을 도움. 《독립신문》
영문판 편집자

1897.   한성사범학교 책임자/교습敎習, 대한제국 교육
고문

1899.   영국 '왕립지리학회Royal Geographical
Society' 정회원Fellow

1900.   관립중학교(현 경기고등학교) 교관(교사)

1901.   영문 월간지 《한국평론The Korea Review》창간
'왕립아시아학회Royal Asiatic Society' 한국지
부 창립 이사.
헌장 및 정관 기초

1903.   조선왕조 역사서 《대동기년大東紀年》 출간
《타임즈The Times(London)》 객원특파원
YMCA 창립준비위원장 및 창립총회 의장.

	YMCA 창립 선포, 헌장 기초
1904.	《AP통신》 임시특파원(러일전쟁 취재)
1905.	종합 역사서 《한국사The History of Korea》 출간

츠주 스프링필드 Springfield에 정착

~1945   미국 전역을 돌며 강연과 기고로 한국 독립을 호소

1908.   《대한력사》상권(《한국사》번역본), 오성근 등의
         도움으로 출간

1909.   가사 정리를 위해 잠시 한국 방문. 고종 황제 내
         탕금 인출을 위한 위임장 수수

1911~1922 미국 '셔토쿠어순회강좌Chautauqua Circuit'
         강사. 한국의 억울함을 알리며 한국 독립을 호소

1919.   파리강화회의 기간 중 프랑스에서 임시정부 대
         표 김규식과 함께 한국 독립을 호소

      8. 미국 상원 외교관계위원회에 '한국 독립 호소문'
         〈한국을 어찌할 것인가What about Korea?〉제
         출, 일본의 잔학상 고발

~1945   '한국친우회The League of The Friends of
         Korea', '구미위원부 The Korean Commission
         to America and Europe' 등 한국 독립 운동 단
         체에서 중심 연사로 활동

1924.   미국 전역(220곳 추정)에서 강연하며 식어가는
         한국 독립 운동 열기를 되살려

1925.   프리메이슨Freemason(박애사상함양단체)회원
         한국 전래 동화책《엄지 마법사Omjee The

	Wizard》출간
1926.	제주도를 무대로 한 소설《안개 속의 얼굴The Face in The Mist》출간
1941~1945	'한미협회The Korean-American Council'와 기독교인친한회The Christian Friends of Korea'에서 활동하며 한국 독립을 호소
1942. 3. 1	미국 워싱턴에서 열린 '한인자유대회Korean Liberty Conference'에 참석, 한국의 독립과 한국인의 단결을 호소
1948. 9. 25	아내 메이May B. Hulbert 별세
1949. 7. 29	대한민국 국빈 초청으로 8.15 광복절 행사에 참석하기 위해 내한
8. 5	내한 1주일 만에 서거
8. 11	외국인 최초의 사회장으로 영결식 거행 후 양화진에 안장
1950. 3. 1	대한민국, '건국공로훈장' 태극장(현 독립장) 추서
1999. 8. 5	50년 동안 묘비명이 비어 있던 헐버트 묘비에 김대중 대통령의 '헐버트 박사의 묘'라는 묘비명을 새김
2013. 7.	대한민국, 헐버트를 외국인 최초로 2013년 7월 '이달의 독립운동가'에 선정

8. 13　경북 문경시, 문경새재에 '헐버트문경새재아리
　　　 랑비' 건립

12. 27　서울시, 종로구에 한글 역사인물 〈주시경-헐버
　　　 트〉 상징 조형물 건립

2014. 10. 9　대한민국, '금관문화훈장' 추서

2015. 10. 7　㈔서울아리랑페스티벌, 제1회 '서울아리랑상'
　　　 추서

헐버트 내한 130주년 기념 '헐버트 글 모음'
The Selected Works of Homer B. Hulbert

헐버트
조선의 혼을 깨우다

헐버트(Homer B. Hulbert) 지음
김동진 옮김

한글과 견줄 문자는 세상 어디에도 없다!
**Korean alphabet scarcely has its equal in the world
for simplicity and phonetic power!**

참좋은친구

헐버트의 꿈
조선은 피어나리!

Homer B. Hulbert: Joseon Must Blossom!

지은이 김동진

고종의 밀사 헐버트의 한국 사랑 대서사시

참좋은친구

말 위에서 본 조선
(Korea As Seen From The Saddle)

발행일	2021년 8월 31일
지은이	헐버트((Homer B. Hulbert)
옮긴이	김동진
편 집	김선명, 김선진
디자인	아이비문화
펴낸곳	참좋은친구

펴낸이	김동진
출판신고	2009년 12월 10일 제321-2009-000230호
주소	서울시 마포구 성지길 46
전화	02-3142-1949
팩스	02-326-1863
누리집	http://www.hulbert.or.kr

헐버트박사기념사업회 후원계좌 **신한은행 100-022-099919**